北大保险时评书系

北大保险时评 2022—2023

郑伟 等 著

北京大学出版社
PEKING UNIVERSITY PRESS

图书在版编目(CIP)数据

北大保险时评.2022—2023/郑伟等著.—北京：北京大学出版社,2023.8
(北大保险时评书系)
ISBN 978-7-301-34241-1

Ⅰ.①北… Ⅱ.①郑… Ⅲ.①保险业—中国—2022—2023—文集
Ⅳ.①F842-53

中国国家版本馆 CIP 数据核字(2023)第 137697 号

书　　　名	北大保险时评（2022—2023）
	BEIDA BAOXIAN SHIPING（2022—2023）
著作责任者	郑　伟　等著
责 任 编 辑	李沁珂　李　娟
标 准 书 号	ISBN 978-7-301-34241-1
出 版 发 行	北京大学出版社
地　　　址	北京市海淀区成府路 205 号　100871
网　　　址	http://www.pup.cn
微信公众号	北京大学经管书苑（pupembook）
电 子 信 箱	编辑部：em@pup.cn　总编室：zpup@pup.cn
电　　　话	邮购部 010-62752015　发行部 010-62750672
	编辑部 010-62752926
印　刷　者	北京市科星印刷有限责任公司
经　销　者	新华书店
	730 毫米×1020 毫米　16 开本　12.5 印张　143 千字
	2023 年 8 月第 1 版　2023 年 8 月第 1 次印刷
定　　　价	58.00 元

未经许可，不得以任何方式复制或抄袭本书之部分或全部内容。
版权所有，侵权必究
举报电话：010-62752024　电子信箱：fd@pup.cn
图书如有印装质量问题，请与出版部联系，电话：010-62756370

目 录 CONTENTS

理论综合

2022年中国保险业回眸与思考(上)	郑　伟/3
2022年中国保险业回眸与思考(中)	郑　伟/9
2022年中国保险业回眸与思考(下)	郑　伟/18
风险管理的目标与策略	贾　若/25
风险认知与风险管理	姚　奕/29

行业发展与规划

发展农业保险　服务乡村振兴	刘新立/35
创新保险功能推动绿色发展	刘新立/39
发展新型商业健康保险	锁凌燕/44
发挥保险积极作用　助力医养结合高质量发展	锁凌燕/49
气候异常对保险业的挑战	刘新立/54
气候变化呼唤保险业合作创新	刘新立/59
平衡增长、盈利和安全的"三角"关系	贾　若/64

气候变化风险评估应重视前瞻性测试　　　　　　　刘新立/67
用新发展理念推动商业健康险高质量发展　　　　　茅陈斌/71
破除"数据孤岛" 让健康险有序发展　　　　　　　刘佳程/76

政策与监管

保险如何长效支持"三农"发展　　　　　　　　　姚　奕/83
为数字化转型创造良好政策环境　　　　　　　　　锁凌燕/88
区域协同发展与基本公共服务均等化　　　　　　　朱南军/93
劳动关系相关保单的法律思考　　　　　　　　　　郑　伟/97
对我国延迟退休政策的思考　　　　　　　　　　　谢志伟/101
国务院提交关于金融工作情况的报告,
　　其中涉及保险业十二件大事　　　　　　　　　贾　若/106
推进代理人制度变革 助力保险业高质量
　　发展　　　　　　　　　　　　　　　　　　　杜　霞/110

企业经营与市场环境

关于"隔离风险"的可保性分析　　　　　　　　　王瀚洋/117
保险业数字化转型实现多方共赢　　　　　　　　　吴诚卓/121
营业中断险的困境与思考　　　　　　　　　　　　王瀚洋/126
保险资金运用的历史回顾与未来展望　　　　　　　朱南军/130
保险科技的价值　　　　　　　　　　　　　　　　贾　若/135
保险公司绩效评价新规的亮点与影响　　　　　　　郑　伟/139
大数据助力精准营销　　　　　　　　　　　　　　张　畅/143

社会保障与保险

从统计数据看中国养老制度改革	陈　凯/149
提高养老保障参保动力	艾美彤/153
个人养老金制来了，保险业怎么办	锁凌燕/157
长期护理保险制度设计中的三对关系	韩　笑/162
保险"防贫"实践：防止返贫险	刘佳程/167
个人养老金制度的意义和展望	陈　凯/172
发挥社会网络作用　促进普惠保险发展	姚　奕/176
医疗保险服务乡村振兴	杜　霞/180
推进个人养老金试点的思考	艾美彤/184
推动个人养老金制度发展的两个关键问题	陈　凯/188
推动个人养老金制度落到实处	陈　凯/192

CCISSR 理论综合

2022年中国保险业回眸与思考(上)

郑 伟

2023-01-06

2022年中国保险业发展稳中有进,各项改革蹄疾步稳展开、落地。总体而言,2022年保险业改革发展的主要内容可以概括为四大方面:一是推动保险业高质量发展;二是深化重点领域监管;三是规范保险经营管理;四是支持经济社会发展。

一、推动保险业高质量发展

2022年,高质量发展依然是保险业改革发展的鲜明主题。这一年,中国银行保险监督管理委员会(以下简称"银保监会"①)召开"推动保险业高质量发展座谈会",指导保险业数字化转型,推动发展绿色保险,同时中华人民共和国财政部印发《商业保险公司绩效评价办法》(财金〔2022〕72号),这些举措的目标均指向保险业的高质量发展。

1. 召开保险业高质量发展专题会议

推动保险业高质量发展是近年来业界持续关注的主题,2020年1月,银保监会发布了《关于推动银行业和保险业高质量发展的指导意见》(银保监发〔2019〕52号),对保险业高质量发展作出了总体部署。2022年1月,银保监会召开"推动保险业高质量发展座谈会",此次专题会议总结了保险业发展的成绩和不足,强调全行业要加快转型发展步伐,提升服务实体经济质效,持续深化改革创新,推动保险业高质量发展迈上新台阶。

总体来看,改革开放以来,我国保险业经过四十余年的发展,总体水平持续提升;但同时我国保险业仍处于发展的初级阶段,距离高质量发展的要求还有较大差距。从数据看,中国虽然已是世界第二大经济体、第二大保险市场,但与排名第一的美国之间的"保险差距"远大于"经济差距"。2021年中国的GDP相当于美国的76%,而中国的保费收入仅相当于美国的26%,保险密度相当于美国的6%,保险深度相当于美国的33%。

当前,我国已进入全面建设社会主义现代化国家的新发展阶段,新发展阶段对保险业提出了新的、更高的要求,要求保险业通过高质量发展,建设现代化保险体系,将我国由保险大国建成保险强国。在这一背景下,保险业既要回答好保险的本质价值、保险与金融的异同等基础之问,又要回答好其如何服务共同

---

① 现国家金融监督管理总局。

富裕、如何服务中国式现代化等时代之问。

2.指导保险业数字化转型

数字化转型是推动保险业高质量发展的重要手段。2022年1月,银保监会发布《关于银行业保险业数字化转型的指导意见》(银保监办发〔2022〕2号,以下简称《指导意见》),对保险业数字化转型进行了顶层设计,提出以数字化转型推动银行业保险业高质量发展,构建适应现代经济发展的数字金融新格局,不断提高金融服务实体经济的能力和水平,有效防范化解金融风险。

《指导意见》的出台背景可以概括为三句话:一是"国家有要求","十四五"规划明确要求以数字化转型整体驱动生产方式、生活方式和治理方式变革,打造数字经济新优势。二是"行业有需求",从行业看,数字化转型是保险业构建新发展格局、打造高质量发展新引擎的现实需求,是保险业更好支持实体经济发展、更好满足人民日益增长的对美好生活需要的内在需求。三是"机构有挑战",从机构看,数字化转型的重点方向有哪些,如何加强数据能力和科技能力建设,在数字化转型过程中如何做好风险防控,这些都是保险机构在数字化转型过程中面临的挑战,需要监管机构的宏观指导。

《指导意见》的核心内容包括战略规划与组织流程建设、业务经营管理数字化、数据能力建设、科技能力建设、风险防范等方面,并对每一方面都提出了具体要求。比如,在风险防范方面,为了推动数字化转型稳健开展,要求保险机构加强对战略风险、合规风险、流动性风险、操作风险及外包风险的管理,防范模型和算法风险,强化网络安全防护,加强数据安全和隐私保护。

同时，更进一步的监管规则也在陆续出台中，比如，银保监会发布的《银行保险机构信息科技外包风险监管办法》（银保监办发〔2021〕141号），即是加强信息科技外包风险的最新监管规则。

3. 推动发展绿色保险

发展绿色保险是保险业高质量发展的内在要求。2022年6月，银保监会发布《银行业保险业绿色金融指引》（银保监发〔2022〕15号），要求保险机构从战略高度推进绿色金融，促进经济社会发展全面绿色转型。2022年11月，为进一步实现绿色保险可统计可监测、提升绿色保险政策制定的有效性和针对性，银保监会对"绿色保险"进行定义，并发布了《绿色保险业务统计制度的通知》。

绿色保险，是指保险业在环境资源保护与社会治理、绿色产业运行与绿色生活消费等方面提供风险保障和资金支持等经济行为的统称。以风险保障为例，绿色保险采用产品维度与客户维度相结合的认定原则。比如，环境污染责任保险等险种，因其从产品维度具有明显的绿色属性而理所当然地被全部统计为绿色保险；企业财产保险等险种，虽然本身从产品维度并不具有绿色属性，但若提供给绿色企业，则从客户维度具有了绿色属性，亦可被统计为绿色保险。

发展绿色保险，保险机构应当从负债端和资产端两方面着手，加大对绿色发展的风险保障和资金支持。在负债端，绿色保险主要是指保险机构围绕绿色发展提供保险产品和服务。在这方面，保险机构应当积极开展环境保护、气候变化、绿色产业和技术等领域的保险保障业务和服务创新工作，研究相关风险管理方法、技术和工具，为相关领域的生产经营者提供风险管理和服务。在资产端,绿色保险主要是指保险资金在绿色产业进行投资。在这方面,保险机构应当以助力污染防治攻坚为导向,调整完善保险投资政策,做好投资尽职调查、审批管理和投后管理,渐进有序降低资产组合的碳强度,最终实现资产组合的碳中和。同时,作为一项基础性工作,保险机构应当加强对客户的环境(Environmental)、社会(Social)和治理(Governance),即ESG风险进行评估,并将风险评估结果作为承保管理和投资决策的重要依据。

4. 出台保险公司绩效评价办法

2022年6月,财政部发布《商业保险公司绩效评价办法》(财金〔2022〕72号,以下简称"新评价办法"),目的在于进一步完善保险公司特别是国有保险公司的绩效评价体系,引导保险公司高质量发展。从历史沿革看,涉及保险公司绩效评价的办法先后有四个版本,其中,前三个版本是金融企业绩效评价,虽然又将评价对象划分为银行业、保险业、证券业和其他金融业四大类金融企业,但针对性不够强,而新评价办法是专门为保险公司量身定制的。

新评价办法的亮点主要表现在三个方面:其一,增加新的评价维度。新评价办法将"服务国家发展目标和实体经济"作为新增的四大评价维度之一,较为全面地刻画了保险公司的综合绩效状况。其二,重构评价指标体系。在新评价办法中,"发展质量"评价维度引入经济增加值率、综合费用利润率、人工成本利润率、人均净利润、人均上缴利税等指标,更加突出高质量发展理念;"风险防控"评价维度包含偿付能力、资产负债管理、流动性等多个子维度,更加全面反映保险公司的风险防控水平。其三,具体评价指标更加贴合保险业实际。比如,设置了社会保障类保险、农业保险、绿色保险、战略性新兴产业保险等特色考核指标,设置了保险公司偿付能力风险管理能力评估(SARMRA)得分、保险公司风险综合评级、保险资产负债管理量化评估得分、综合赔付率等保险业专属指标,能够更加准确地反映保险公司的绩效状况。

新评价办法主要针对国有保险公司,具有直接的"指挥棒"作用,对其他保险公司也具有间接的"风向标"作用。未来,保险业和保险公司应当深刻理解"保险姓保"的战略意义,在服务国家发展大局中实现保险业和保险公司的长期健康发展;统筹保险公司的速度规模与发展质量、经营效益之间的关系,提升投入产出效率和价值创造能力;守住风险防控的底线,确保保险公司在偿付能力、保险资产负债管理、流动性、资产质量等方面处于较好水平。

2022年中国保险业回眸与思考(中)

郑 伟

2023-01-13

二、深化重点领域监管

2022年,保险业在诸多重点领域深化监管改革,既涉及综合性制度建设,如构建非现场监管体系,又涉及公司治理、偿付能力、资金运用、消费者权益保护等核心监管领域,还涉及保险保障基金等专题监管内容。

1. 初步构建非现场监管体系

2022年1月,银保监会发布《保险公司非现场监管暂行办法》(中国银行保险监督管理委员会令〔2022〕3号,以下简称《暂行办法》),初步构建了保险公司非现场监管的体系框架。保险公司非现场监管是指监管机构通过收集保险公司和保险行业的公司治理、偿付能力、经营管理以及业务、财务数据等各类信息,持续监测分析保险公司业务运营、提供风险保障和服务实体经济情况,对保险公司和保险行业的整体风险状况进行评估,并采取针对性监管措施的持续性监管过程。

非现场监管制度包括两大方面:一是非现场监管工作流程和机制,二是风险监测和评估指引。《暂行办法》主要针对前者,强调了保险公司非现场监管的原则,明确了机构监管部门、其他相关监管部门以及派出机构在非现场监管中的职责分工,规范了非现场监管的工作流程和相关要求。关于具体的风险监测和评估指引,由于财产保险公司、人身保险公司和再保险公司之间存在较大差异,因此将由相应的机构监管部门另行制定发布。

非现场监管与现场检查相对应,均属于基本的保险监管手段。相对而言,现场检查具有较强的现场"冲击力",但也具有一定的时空局限性;而非现场监管虽然不直接开赴现场,但具有较大的时空自由度,可以对保险公司进行全天候持续监管,是覆盖保险公司经营全流程和全环节的全面监管。关于非现场监管与其他监管手段的关系,《暂行办法》要求非现场监管应当与行政审批、现场检查等监管手段形成有效衔接,与公司治理、偿付能力、资金运用和消费者权益保护等重点监管领域实现合作互补,共同构建高效、稳健的保险监管体系,为监管政策的制定实施提供有力支持。

2. 公司治理:推出新版关联交易和监管评估办法

公司治理监管是保险监管的基础,是银保监会成立之后一项持续性的重点工作。2018年3月,银保监会成立伊始就新设公司治理监管部,专司公司治理监管职责。此后,银保监会陆续发布《银行保险机构公司治理监管评估办法(试行)》(银保监发〔2019〕43号)、《银行保险机构董事监事履职评价办法(试行)》(中国银行保险监督管理委员会令〔2021〕5号)、《银行保险机构公司治理准则》(银保监发〔2021〕14号)、《银行保险机构大股东行为监管办法(试行)》(银保监发〔2021〕43号)等公司治理的重要监管制度。2022年1月,银保监会发布《银行保险机构关联交易管理办法》(中国银行保险监督管理委员会令〔2022〕1号,以下简称"新管理办法"),2022年11月,修订发布《银行保险机构公司治理监管评估办法》(银保监规〔2022〕19号,以下简称"新评估办法"),是近年来公司治理监管工作的延续和推进。

新管理办法是首个同时包括银行机构和保险机构关联交易的监管制度,此前保险业曾有两个单独的版本,一是2007年的《保险公司关联交易管理暂行办法》(保监发〔2007〕24号,现已废止),二是2019年的《保险公司关联交易管理办法》(银保监发〔2019〕35号,现已废止)。新管理办法在以下方面提出了新的要求:其一,明确了关联交易监管的重点,即不得通过关联交易进行利益输送或监管套利,重点防范向股东及其关联方进行利益输送的风险;其二,对保险机构关联交易的类型进行了调整,共包括四类,即资金运用类关联交易、服务类关联交易、利益转移类关联交易、保险业务和其他类型关联交易;其三,调降了保险资金运用类关联交易比例上限,比如,保险机构投资权益类资产、不动产类资产、其他金融资产和境外投资的账面余额中,对关联方的投资金额不得超过上述各类资产投资限额的30%,与原规定相比降幅达到40%,监管更加严格。

新评估办法重点对公司治理监管的评估频率、评估程序、评估指标和评估结果应用进行了修订完善。其一,从评估频率看,由"每年开展一次"调整为"原则上每年开展一次",对评估结果为B级及以上的机构可适当降低评估频率。其二,从评估程序看,新增了"年度评估方案制定",并且将"监管复核"作为一个独立环节列出,同时对各评估环节的完成时间进行了适当调整。其三,从评估指标看,聚焦大股东违规干预、内部人控制等问题,进一步丰富相关关键指标,优化指标权重、精简指标数量,并建立指标动态调整机制。其四,从评估结果应用看,强调将公司治理监管评估结果作为配置监管资源的重要依据,将公司治理监督评估等级为D级及以下的银行保险机构列为重点监管对象,防止风险发酵放大。

3. 偿付能力:实施偿二代二期规则

偿付能力监管是保险监管的核心。2022年1月,以实施《保险公司偿付能力监管规则(Ⅱ)》(银保监发〔2021〕52号,以下简称"规则Ⅱ")为标志,我国保险偿付能力监管正式切换至偿二代二期时代。从实施情况看,总体而言,规则Ⅱ更好地体现了风险导向原则,相关数据客观反映了保险公司的风险状况,有助于促进保险业高质量发展。

一是引导行业回归本源。一方面,规则Ⅱ对车险、融资性信用保证险等保险业务基础风险因子进行调整,并对寿险业务增设了重疾恶化因子,引导保险公司科学发展保险业务,更好回归保障本源。另一方面,规则Ⅱ对农业保险、专属养老保险等国家支持的方向,适当降低资本要求,从政策优惠方面引导行业支持国家战略发展，更好发挥保险服务经济社会的功能。

二是客观反映风险状况。规则Ⅱ根据我国保险市场历史数据，对保险风险、市场风险和信用风险的风险因子进行了全面校准。从披露的数据来看，规则Ⅱ能够更加科学、敏感地反映保险公司的偿付能力状况。对不同类型、不同规模的公司，规则Ⅱ影响各异，其偿付能力数据有升有降，反映了不同公司的风险实际。

三是夯实资本质量。规则Ⅱ严格了资本认定标准，主要体现在强化核心资本的认定标准上。比如，原规则将保单未来盈余全部计入核心资本，而规则Ⅱ将长期寿险保单的预期未来盈余根据保单剩余期限，分别计入核心资本或附属资本，强化了核心资本的损失吸收能力，夯实了资本质量。

四是强化风险管理和信息披露要求。除定量监管要求外，规则Ⅱ在定性监管要求和市场约束机制方面也有新的举措。比如，规则Ⅱ对SARMRA标准进行了全面修订，进一步明确和完善了保险公司风险管理要求，优化了监管评估标准，有助于激励保险公司持续提升风险管理能力。此外，规则Ⅱ进一步扩展了保险公司偿付能力信息公开披露的内容，增加了对重大事项、管理层分析与讨论等披露要求，有助于吸引更多社会公众和利益相关方关注保险公司，充分发挥市场约束作用。

4. 资金运用：厘清关系并加强监管

资金运用监管是保险监管的关键领域。2022年资金运用监管有三项工作值得关注：一是修订发布保险资金委托投资和投资金融产品的相关政策，厘清了委托代理关系和信托关系的边界；二是加大保险资金运用关联交易监管的力度；三是修订发布《保险资产管理公司管理规定》(中国银行保险监督管理委员会令2022年第2号)。

2022年5月,银保监会修订发布《保险资金委托投资管理办法》(银保监规〔2022〕9号,以下简称"新版办法")和《关于保险资金投资有关金融产品的通知》(银保监规〔2022〕7号,以下简称"新版通知"),分别替代2012年的旧版办法和通知。新版办法和通知的一个重要亮点是厘清了保险资金运用涉及的委托代理关系和信托关系的边界,明确了业内委托与业外产品的划分。具体而言,委托投资的受托人限于业内保险资产管理机构,保险公司与保险资产管理机构之间的法律关系是委托代理关系;同时,原有的证券公司和基金管理公司等业外资产管理机构的受托管理,改为以单一资产管理计划的方式纳入新版通知中的可投资金融产品范畴,保险公司与业外资产管理机构之间的法律关系是信托关系。此外,新版通知拓宽了可投资金融产品的范围,将理财公司、理财产品、单一资产管理计划、债转股投资计划等纳入,可以进一步完善保险资产配置结构。

2022年,银保监会加大了保险资金运用关联交易监管的力度,1月组织开展保险资金运用关联交易专项检查,6月发布《关于加强保险机构资金运用关联交易监管工作的通知》,规定了保险机构在资金运用关联交易领域应当做什么、不得做什么。其中,特别强调保险机构不得存在以下行为:如,通过隐瞒或者掩盖关联关系、股权代持、抽屉协议等隐蔽方式规避关联交易审查或监管要求;借道不动产项目、非保险子公司或其他方式变相突破监管限制,或通过各种方式拉长融资链条、模糊业务实质、隐匿资金最终流向,为关联方或关联方指定方违规融资和输送利益。这些监管举措,对于健全资金运用关联交易管理、防范资金运用风险具有积极意义。

2022年8月,银保监会修订发布《保险资产管理公司管理规定》(中国银行保险监督管理委员会令2022年第2号,以下简称"新版规定"),替代2004年的旧版规定。新版规定进行了大幅修订,主要包括新增关于公司治理的专门章节、将风险管理作为专门章节并作全面增补、优化股权结构设计要求、优化经营原则及相关要求、增补监管手段和违规约束等。自2003年以来,三十余家保险资管公司先后设立,已经成为保险资金等长期资金的核心管理人、资本市场的主要机构投资者和服务实体经济的重要力量。过去较长一段时期,保险资管公司监管在很多方面参照保险公司或保险资金运用的监管规则,存在适用性不强的问题,本次修订在系统整合相关制度的基础上,形成了符合保险资管公司特点的机构监管制度框架,有利于提升保险资管公司的市场化和专业化水平,推动实现高质量发展。

5. 消费者权益保护:出台纲领性文件

消费者权益保护是保险监管的出发点和落脚点。2022年12月,银保监会发布《银行保险机构消费者权益保护管理办法》(中国银行保险监督管理委员会令2022年第9号,以下简称《管理办法》),这是银行业保险业消费者权益保护领域的一个基础性和纲领性文件,是加强和完善行为监管的重要举措。

党的二十大报告强调,坚持以人民为中心的发展思想。消费者权益保护是保险监管人民性的直接体现。在现实中,虽然保险消费者与保险机构在法律关系上是平等的民事主体,但是保险机构侵害消费者权益的现象时有发生。因此,作为矫正市场失灵的保险监管机构,应当代表社会公众对保险机构和保险市场进行监管,把消费者权益保护成效作为检验保险监管工作成绩的一条"金标准"。

作为对消费者反映强烈问题的回应,《管理办法》要求保险机构建立健全消费者权益保护体制机制,保护消费者的知情权、自主选择权、公平交易权、财产安全权、依法求偿权、受教育权、受尊重权、信息安全权等基本权利。具体来看,针对"核保空心化、理赔核保化"问题,规定保险公司应当及时审慎核保,不得在保险事故发生后以不同于核保时的标准重新对保险标的或者被保险人的有关情况进行审核;针对"理赔难"问题,规定保险公司应当对消费者的赔付请求及时作出处理,不得拖延理赔、无理拒赔。

6. 保险保障基金:发布3.0版管理办法

保险保障基金作为非政府性行业风险救助基金,在防范和化解保险业风险中具有独特作用。2022年10月,银保监会会同财政部、中国人民银行修订发布《保险保障基金管理办法》(中国银行保险监督管理委员会、中华人民共和国财政部、中国人民银行令2022年第7号),这是保险保障基金管理办法的3.0版,此前有2004年的1.0版和2008年的2.0版两个管理办法。

《保险保障基金管理办法》的主要修订内容包括:一是将固定费率制改为差别费率制,规定"保险保障基金费率由基准费率和风险差别费率构成",突出风险导向的政策意图。二是调整保险保障基金暂停缴纳的条件,将停缴条件由"财产保险公司和人身保险公司的保险保障基金余额分别达到公司总资产的6%和1%"调整为"财产保险保障基金余额和人身保险保障基金余额分别达到行业总资产的6%和1%"。三是在保持财产保险保障基金和人身保险保障基金相互独立的基础上,允许两者之间在报经监管机构批准的前提下相互拆借,增强了基金统筹效应。四是增加了动用保险保障基金的情形,此前2.0版管理办法在1.0版基础上增加了"保险公司存在重大风险,可能严重危及社会公共利益和金融稳定"的情形,这次3.0版在2.0版基础上新增了"国务院批准的其他情形",进一步增大了基金使用的潜在灵活性。五是区分了短期和长期的健康保险、意外伤害保险的救助规则,短期健康保险、短期意外伤害保险适用于与财产保险同样的救助规定,长期健康保险、长期意外伤害保险的救助标准按照人寿保险合同执行。

《保险保障基金管理办法》3.0版的发布实施,有利于适应保险业发展的新形势,更好发挥保险保障基金的积极作用,维护保单持有人的合法权益。当然,下一步保险保障基金也面临一些新的挑战,比如应当如何确定合理的基准费率和风险差别费率、应当如何建立费率的正常调整机制等。

2022年中国保险业回眸与思考(下)

郑 伟

2023-01-20

三、规范保险经营管理

保险业的健康发展需要有效的保险监管，保险监管不仅体现在对公司治理、偿付能力、资金运用、消费者权益保护等重点领域的监管上，而且体现在对保险机构经营管理的规范监督上。2022年，规范保险经营管理的举措持续推进，既涉及行业层面的财产保险灾害事故处置、人身保险产品信息披露，又涉及险种层面的农业保险和个人养老金等领域。

1. 财产保险:完善灾害事故处置

2022年,保险业在灾害事故处置方面,既有针对"3·21"东航MU5735航空器飞行事故(以下简称"东航事故")应急举措的推出,又有关于灾害事故分级处置、发展巨灾保险等制度建设的探索,目的是更好地发挥保险在防灾减损、抢险救灾、经济补偿或社会治理等方面的作用。

2022年3月22日,在东航事故发生次日,银保监会即发布《关于做好东航客机坠毁事故保险理赔服务工作的通知》(银保监办便函〔2022〕265号),并指导保险业全力做好保险理赔服务工作,包括主动排查承保客户信息、建立理赔绿色通道、在合同责任范围内应赔、尽赔、快赔等。

2022年11月,银保监会发布《财产保险灾害事故分级处置办法》(银保监规〔2022〕15号,以下简称《办法》),指导银保监会及其派出机构等开展灾害事故分级处置工作。《办法》的核心内容是将财产保险灾害事故按照事件性质、损失程度和影响范围等因素,分为特别重大、重大、较大三个等级,对应启动Ⅰ级、Ⅱ级和Ⅲ级响应,分别由银保监会、属地银保监局和银保监分局启动响应。同时,《办法》要求财险公司承担财产保险灾害事故处置主体责任,建立健全灾害事故处置机制;要求保险业协会整合协调行业内外资源,推动防灾减损、抢险救援、理赔服务等工作有序开展;要求银行保险信息技术有限公司和上海保交所为银保监会及其派出机构在全国范围开展的灾害事故保单信息排查提供支持。

此外,在2022年的"5·12"全国防灾减灾日,银保监会在官方网站发表文章《加快发展巨灾保险助力国家应急管理体系建设》,明确表示将持续推进巨灾保险工作,加快构建包含地震、台风、洪水、强降雨、泥石流等灾害在内的多灾因巨灾保险体系,充分发挥巨灾保险在国家应急管理体系中的重要作用。

2. 人身保险:出台产品信披新规

2022年11月,银保监会发布《人身保险产品信息披露管理办法》(中国银行保险监督管理委员会令2022年第8号,以下简称"新办法")。相较于2009年原保监会制定的《人身保险新型产品信息披露管理办法》(中国保险监督管理委员会令2009年第3号,现已废止),新办法既涵盖新型产品,也涵盖普通型产品,是首个适用于所有人身保险产品的信息披露监管规定;并且,新办法根据过去十多年人身保险市场发展和监管环境的变化,对产品信息披露提出了新的要求。

新办法要求产品信息披露主体(即保险公司)及相关方面(包括保险公司保险销售人员、保险中介机构及其从业人员)向信息披露对象(即投保人、被保险人、受益人及社会公众)准确说明并充分披露与产品相关的信息,不得对他们进行隐瞒或欺骗。根据新办法,保险公司应当披露的保险产品信息包括保险产品目录、条款和费率表,对于一年期以上的人身保险产品,还需披露现金价值全表和产品说明书等内容。其中,费率表和现金价值全表作为与消费者权益密切相关的重要信息,被首次作为产品信息披露材料主动公开,成为新办法的一大亮点。同时,新办法要求中国保险行业协会和银行保险信息技术管理有限公司等行业公共平台,为社会公众和保险消费者提供权威的产品信息查询渠道。

我们知道,保险业的风险防范体系是一个"四位一体"的架构,既包括政府监管,也包括企业内控、行业自律,还包括社会监督,而信息披露是提升行业透明度、促进社会监督的重要手段。从这个角度看,新办法对于强化社会监督、保护消费者合法权益、健全保险业风险防范体系具有重要意义。

3. 农业保险:规范承保理赔管理

2022年2月,银保监会发布《农业保险承保理赔管理办法》(银保监规〔2022〕4号,以下简称"农险新办法"),替代原保监会2015年制定的《农业保险承保理赔管理暂行办法》(保监发〔2015〕31号,现已废止)。农险新办法的发布,对于进一步规范农业保险承保理赔管理、完善农业保险监管制度体系、加快推动农业保险高质量发展具有积极意义。

近年来我国农业保险发展取得了长足进展,2020年开始我国成为全球农业保险保费规模最大的市场,但与国家要求、农户风险保障需求以及国际先进水平之间还存在较大差距。从农业保险大国迈向农业保险强国,必须走高质量发展的道路。农险新办法具有几个明显的特点:一是扩大了适用范围。适用范围包括种植业保险、养殖业保险和森林保险业务,不仅新增了森林保险,而且还明确农业指数保险、涉农保险及创新型农业保险业务参照适用本办法有关规定。二是明确了相关规定。农险新办法强化或细化了投保信息、承保标的查验、定损时限等方面的具体要求,禁止通过虚假承保理赔等方式骗取保费补贴。三是增加了科技内容。农险新办法鼓励保险机构采用生物识别等技术手段对投保标的进行标识并记录,鼓励采用无人机、遥感等远程科技手段查验投保标的或开展查勘定损;要求保险机构加大科技投入,采取线上化、信息化手段提升承保理赔服务能力和效率,推动科技赋能,更好满足被保险人农业风险保障需求。

此外,中国保险行业协会于2022年12月首次发布了种植业保险、养殖业保险和森林保险的承保理赔服务规范,这将有助于提升农业保险承保理赔服务的规范性,确保农险客户获得统一标准的保险服务,推动农业保险高质量发展。

4. 个人养老金:正式启动实施

2022年,个人养老金破土而出、启动实施,是我国多层次、多支柱养老保险体系建设的一大亮点,具有重要的标志性意义。我们知道,个人养老金产品包括储蓄、理财、保险、基金等;同时,第三支柱养老保险既包括个人养老金,又包括其他个人商业养老金融业务。这里,我们主要从保险业的视角进行讨论。

2022年4月,国务院办公厅印发的《关于推动个人养老金发展的意见》(国办发〔2022〕7号)是个人养老金的核心政策,11月,相关部门陆续发布若干配套政策,银保监会发布的《关于保险公司开展个人养老金业务有关事项的通知》(银保监规〔2022〕17号,以下简称《通知》)属于其中之一。《通知》的主要内容,一是明确保险公司开展个人养老金业务的基本条件,包括资本实力、偿付能力、风险综合评级等;二是规定可提供的保险产品包括符合保险期间不短于5年等要求的年金保险、两全保险以及银保监会认定的其他产品;三是规范个人养老金业务的合同管理、销售管理、资金管理、客户服务等。随后,银保监会公布了首批参与个人养老金业务的6家保险公司和7款产品名录,标志着保险机构正式参与个人养老金市场。

此外,2022年,银保监会发布《关于规范和促进商业养老金融业务发展的通知》(银保监规〔2022〕8号),支持鼓励银行保险机构发展商业养老储蓄、商业养老理财、商业养老保险、商业养老金等,以逐步形成商业养老金融的多元发展格局。近两年来,银保监会先后启动专属商业养老保险、养老理财产品、特定养老储蓄等试点。同年,银保监会发布《关于开展养老保险公司商业养老金业务试点的通知》(银保监办发〔2022〕108号),明确商业养老金业务包括养老账户管理、养老规划、资金管理和风险管理等服务,共有4家养老保险公司和10个省(市)参与暂定为期一年的试点。这一举措在原有专属或特定的养老保险、理财和储蓄的基础上,新增了商业养老金试点,进一步丰富了商业养老金融供给,有利于更好地满足人民群众多样化的养老保障需求。

四、支持经济社会发展

经济越发展,社会越进步,保险越重要。保险作为现代经济的重要产业和风险管理的基本手段,在促进经济社会发展中扮演着独特、重要的角色。

2022年,保险业支持经济社会发展继续受到高度重视。针对经济社会运行的堵点和难点问题,银保监会发布了一系列银行业保险业支持经济社会发展的政策文件,要求保险业多措并举,充分发挥"补血""造血"和"活血"功能,在应对新冠肺炎疫情(以下简称"疫情")、支持新型城镇化和乡村振兴、支持经济社会高质量发展等方面作出新的贡献。

其一,针对疫情特殊形势,加大力度支持货运物流和困难行业企业发展。这一年,银保监会出台了《关于金融支持货运物流保通保畅工作的通知》(银保监办发〔2022〕40号)和《关于进一步做好受疫情影响困难行业企业等金融服务的通知》(银保监办发〔2022〕64号)。其二,支持新型城镇化,服务全面乡村振兴。这一年,银保监会发布了《关于银行业保险业支持城市建设和治理的指导意见》(银保监发〔2022〕10号)、《关于2022年银行业保险业服务全面推进乡村振兴重点工作的通知》(银保监办发〔2022〕35号),以及会同住房和城乡建设部发布了《关于银行保险机构支持保障性租赁住房发展的指导意见》(银保监规〔2022〕5号)、会同中国人民银行发布了《关于加强新市民金融服务工作的通知》(银保监发〔2022〕4号)。其三,支持小微企业、制造业和公路交通高质量发展,助力制造强国和交通强国建设。这一年,银保监会发布了《关于2022年进一步强化金融支持小微企业发展工作的通知》(银保监办发〔2022〕37号)、《关于进一步推动金融服务制造业高质量发展的通知》(银保监办发〔2022〕70号)以及会同交通运输部发布了《关于银行业保险业支持公路交通高质量发展的意见》(银保监发〔2022〕8号)。通过以上一系列举措,保险业从多领域、多方面发力,进一步提升了服务实体经济和社会发展的质效。

风险管理的目标与策略

贾 若

2022-02-11

保险是现代社会风险管理的基本手段。这句话不仅说明了保险的重要地位和作用,更说明了现代社会对待风险的基本态度,即我们希望通过转移、汇聚、再分散风险,平滑风险的经济冲击,同时通过(保险附加的)风险管理手段适度干预,从而降低风险。从反面讲,现代社会风险管理的目标从来不是也不应当是消灭风险。"零风险"的美好愿望在大多数领域是不符合客观规律的,因而也是难以实现或者没有必要实现的(实现成本极高)。

一、没有绝对安全

从保险角度看现代社会的风险,一个基本逻辑是,只要存在真实保险市场和相关产品机制的领域,风险都是客观存在的,承受相关风险的期望收益都是大于期望损失的。比如,对于核电站,大家都希望它是"绝对安全"的,但核电站泄漏事故("切尔诺贝利事件""福岛核事故")的损失,不仅意味着人员伤亡和财产损失,还会带来长久的环境破坏和潜在的长期影响。核事故是任何国家在任何时代不愿见到且难以承受的。1999年成立的"中国核保险共同体"(以下简称"中国核共体")是国际核共体体系的重要一极,承保以中国境内核相关风险为主的全球核风险业务。核保险并不能消灭"核风险",只要建有核电站,就不存在所谓"零风险"和"绝对安全"。那么我们为什么要容忍核风险,为什么不把所有核电站"一关了之"?原因还在于核电站为国家、人民带来的清洁电能利益远远大于其可能产生的损失,同时其他替代能源方案也同样有风险和成本(比如,水电的溃坝风险、煤电的气候变化风险等)。因此,世界上绝大多数具备和平利用核能技术和能力的国家,都选择接受和管控核风险,同时发挥核能作为清洁能源的效益。预期在未来煤电受到"双碳"目标制约的情况下,核电将成为更重要的稳定电力能源,核风险也将伴随现代社会长期存在。类似的例子还有很多,比如汽车等现代交通工具的广泛使用,带来了很大的交通意外风险,2016—2018年我国因交通事故而在七日内死亡的人数每年约为六万;第二次世界大战后,当飞机开始替代船舶成为跨国旅行的主要交通工具时,很多人不敢乘坐,原因是害怕不安全,但是后来的实践证明,飞行带来的交通便利远远大于飞机失事的期望损失,时至今日,乘坐飞机已司空见惯。大多数人并不会因为可能发生的汽车交通事故和飞机失事而支持"零风险"和"绝对安全"的风险管理策略——禁止现代交通工具。

二、让损失最小化

从保险角度看现代社会的风险管理目标,就是要合理设置可容忍的风险水平(可容忍的损失频率和严重程度),降低巨灾发生概率,降低巨灾损失的严重程度,然后让个体的经济损失由全社会分担。

现代社会的风险管理策略,应当是既降低风险事故发生的概率,又降低风险事故发生后的损失严重程度,或者是控制住一个因素不动,降低另外一个。不能为了降低风险事故发生率而人为加重损失严重程度,形成所谓威慑效果,由此产生的社会成本往往大于其收益。比如说,针对一个失败但诚实的创新者,社会是应当加重他的损失从而威慑其他人来达到降低未来失败概率的效果,还是应当宽容他的失败,免除其部分债务,从而鼓励更多人勇于创新。新近落实的个人破产制度,就体现了对创新者承担相关风险加以保护的思路。

当前的新冠肺炎疫情让人们更切身地感受到风险无处不在,"零风险"和"绝对安全"的前疫情生活在疫情大流行阶段已不复存在,疫情风险将在未来一段时间内伴随我们的生活。面对疫情风险,我们应当设定什么样的目标,采取什么样的风险策略,需要政治家、公共卫生专家、医生、风险管理专家的共同参与,科学合理地设定风险容忍度。这也是落实"统筹推进新冠肺炎疫情防控和经济社会发展工作"要求的应有之义,当前一些地方过度追求"零风险"和"绝对安全"的目标,隔离所有返乡人员或者极大增加返乡成本,短期的代价是本地经济社会发展速度降低,长期还会伤害劳动者、消费者、投资者对当地经济社会发展的信心。如何做到更好统筹,2021年年末召开的中央经济工作会议再次强调"坚持以经济建设为中心",实际上也是对当前统筹疫情防控和经济社会发展工作方向的再校准。作为现代社会的公民和社会治理者,我们至少应当试图缓解而不是加重不幸染病者的损失,摒弃网络暴力,慎用刑事处罚。既然我们已经生活在疫情风险相伴随的当下社会,生活还要在疫情风险下继续,每位公民都需要学习如何理性地面对风险、科学地管理风险、合理地承担风险。

风险认知与风险管理

姚奕

2022-08-26

2020年年初至今,全球各国都遭遇了新冠肺炎疫情的冲击。我国在抗疫方面取得了举世瞩目的成绩,尽最大努力保护了全体国民的健康和生存权。从风险认知和风险管理这一视角,可以分析疫情应对路径背后的逻辑。

在风险管理的专业术语中,风险可以分为客观风险和主观风险。客观风险是可以被量化和客观衡量的,比如地震发生的概率和损失的严重程度;而主观风险是自我感知的风险,它很可能是不准确,甚至不理性的。虽然风险大多存在可以被量化的客观指标,但人们是根据主观风险,或者说自己对客观风险的主观认知来进行行为决策和风险管理的。从某种程度上来说,"主观认知"风险是管理风险的基础。对于两个处于同样环境中的人,即便客观风险、信息传递和客观条件都毫无差异,但如果主观认知不同,应对风险的方式自然就不同。

对于个体的风险认知水平及其影响因素,风险管理领域已有多年的研究总结。除了财富、性别、年龄等一般变量,个体本身的风险经历也会直接影响其风险认知水平。在行为经济学框架中,学者总结出两种不同的效应——近因效应(recency effect)和热手效应(hot hands effect)。近因效应是指,那些刚刚经历过损失的人的风险意识会变得更强,比如说刚刚经历过洪灾的人们会对洪水保险的需求高涨。这并不完全是因为本人遭受了损失,因为有学者发现,即便是洪灾区那些侥幸没有受到经济损失的人,对于保险的需求也会加大。也就是说,仅仅是近距离观测损失可能发生这一后果,就足以激发更高的风险意识。但这种近因效应对保险需求的激发存在一个窗口期,类似于一种灾后的"应激"反应。笔者认为近因效应是人类进化过程中形成的一种巧妙的均衡:一方面,在损失刚发生时必须引起足够的警惕,吸取教训;另一方面,为了生存,人类必须要不断挑战和冒险,所以不能裹足不前。

与近因效应相对应,学者也发现了与之不同的热手效应。它是指度过了灾难后,人们会倾向于低估灾害对自己的影响。这有点类似于"幸存者偏差",在反复出现的风险事件的幸存者中更为普遍。

在现实中,学者们发现近因效应和热手效应在不同群体中都存在。与此同时,个体所受的教育、抗击风险的能力,以及独特的风险经历共同决定了个体对于风险的主观认知,并进而形成了个体的风险规避或风险爱好程度。从国家层面来看,国民整体的风险规避程度可以从该国的文化中体现出来,它不仅仅是现在生活的国民的风险规避程度的某种加总,还包括世代传承的,对于历史上的风险事件及其应对方式的总结。如在对我国传统文化形成影响的儒释道文化中,可以找到各种解释我国文化注重风险规避的依据。一定程度上,这潜移默化地影响了我国以更加稳健的方式应对疫情的政策。

始终横亘在风险管理领域的一个难题是,在进行风险决策时,人们可以客观衡量风险管理方案的成本,却无法准确观察其收益。比如升级某系统的价格是可获得的,但如果没有升级该系统可能会遭受的财产损失甚至生命威胁是不可知的。尤其在涉及生命安全时,很难为没有发生的人身损失进行估值,但为了做出决策,往往需要在很短时间内量化损失。

准确估计风险管理的收益很困难,虽然可以观察其他国家的疫情数据,但这并不是真正的"平行世界"。各国在各阶段因为疫情造成的死亡人数显然并不是人口乘以某一固定比例就能简单计算出的。即便不存在病毒变异所带来的客观风险水平的变化,潜在的损失还需要考虑很多复杂的因素,包括人口密度、基础设施水平、就诊习惯,甚至包括人们对于死亡的态度等。因此,应对疫情不仅要考虑其本身的变化,也要理解风险认知的基础和规律。

CCISSR 行业发展与规划

发展农业保险 服务乡村振兴

刘新立

2022-03-04

2022年2月22日,《中共中央 国务院关于做好2022年全面推进乡村振兴重点工作的意见》(以下简称"中央一号文件")发布,今年的中央一号文件首次将"强化乡村振兴金融服务"单列为一项重要内容,充分说明在强调金融服务实体经济的大背景下,在稳住农业基本盘、做好"三农"(农业、农村、农民)工作,全面推进乡村振兴过程中,应加强金融服务,其中,保险具有分散风险的独特作用,在助力乡村振兴中大有可为。

首先,在提高农业风险保障程度方面,中央一号文件提出"实现三大粮食作物完全成本保险和种植收入保险主产省产粮大县全覆盖",针对保障"菜篮子"产品供给,提出"探索开展糖料蔗完全成本保险和种植收入保险"。农业生产过程中,面对不可避免的自然灾害等风险,农业保险对于促进农业稳产增产、农民稳步增收中的"稳"字起到独特的保障作用。我国现阶段农业保险以物化成本保险为主,以保障农民简单再生产为目的,具有"低保障、广覆盖"的特点和普惠的性质。2021年中央财政安排农业保险保费补贴资金333.45亿元,针对物化成本保险的中央财政补贴涉及种植业、养殖业等共16类品种,各级财政补贴可达保费的80%以上。而从国际经验来看,美国的农业保险市场上,收入类保险占主导地位,并且分别针对作物收入、农场总收入等不同保障对象推出了不同的收入保险产品。其他国家受制于没有完善的农产品期货市场而难以推出大规模的收入保险,部分国家选择以政府补贴的形式提供收入保障。例如加拿大以收入稳定计划的方式,为农民在遭受不同程度的收入损失时进行不同程度的补偿。

近年来,我国农业保险也积极尝试由"保成本"向"保收入"过渡,并在不同地区开展不同种类的准收入类保险试点,主要包括完全成本保险、价格保险等。完全成本保险指该产品保障的是农作物生产中物化成本、人工成本及土地成本之和。较之直接物化成本保险,完全成本保险增加了对人工成本和土地成本的覆盖,提高了对农作物单位面积收入(或产值)的保障程度。价格保险主要承保当投保作物的市场价格低于设定价格时的收入损失风险。截至2016年年末,我国试点价格保险的地区已扩展至31个省(区)市,品种包括粮食、蔬菜、生猪和地方特色农产品的4大类共50个品种。2018年,中央政府推动内蒙古、辽宁、山东等6个省份的24个粮食主产县进行小麦、玉米和水稻的完全成本保险试点,试点期为3年。此外,2020年,对于具有地方特色的农产品,中央财政还在全国20个省份实施了对地方优势特色农产品保险的以奖代补政策,支持地方自主选择不超过3个特色险种申请中央财政奖补资金。未来,保险业可在试点基础上进一步丰富数据积累,加强产品开发,更好地为保障粮食安全及稳定农民收入服务。

其次,在创新农业风险转移模式方面,提出优化完善"保险+期货"模式。我们之前进行的"保险+期货"试点产生于传统的农产品最低收购价政策逐渐转变为市场定价、价补分离的预期价格政策之后,主要目的是应对农产品市场上加剧的价格波动风险。"保险+期货"的试点区域涵盖东北三省、新疆、河北、海南等20多个省(区)市,品种范围包括玉米、鸡蛋等农产品。该试点的运作模式如下:农户向保险公司购买作物价格保险,当作物预期价格低于约定期货结算价格时,保险公司对投保农户进行赔偿,为因价格下跌可能导致的收入损失提供保障;同时,保险公司通过购买看跌期权而将价格风险进一步转移到市场。收入保险保障因产量下降、价格下降或二者同时发生而造成的农作物收入损失,通常保障相当于历史单位面积收入的65%—70%。未来我们可以对试点经验进行总结,对这一模式的进一步完善,有助于为农户提供更多的稳定保障。

最后,在完善农业风险分散机制方面,提出"积极发展农业保险和再保险"。农业保险自2007年实施保费补贴政策以来发展迅速,到2020年,保费收入规模达到815亿元,我国已成为全球农业保险保费规模最大的国家。2021年则继续保持增长势头,农业保险保费规模达965.18亿元,同比增长18.4%,为1.88亿户次农户提供风险保障共计4.78万亿元。农业风险的一个特点就是其系统性,这是指自然灾害的发生将会给农业带来大面积的、巨大的影响。保险作为一种市场化金融方法,其成功运行的基础是大数定律,面对区域农业灾害风险缺乏独立性的情况,就需要横向扩大风险分散范围,纵向延长风险分散链条。农业再保险作为农业保险多元化风险分散机制的一个重要部分,对应对农业风险的这种特殊性质发挥着不可替代的作用。2020年成立的中国农业再保险公司,整合农业大灾保险、完全成本保险和收入保险试点,建立起了坚固的农业保险大灾风险准备金制度。农业再保险的进一步发展,有助于在全球气候变化的背景下,对农业大灾风险未雨绸缪。通过再保险机制做好分散农业大灾风险损失的准备,从而缓冲农业大灾对国家财政的冲击,承担起市场化农业灾害风险管理的关键职能。因此,积极发展农业保险与再保险的政策,对于可持续地分散农业风险非常重要。未来可整合各类数据资源,探索资本分配模型基础上的最优再保险模型,使再保险的风险转移功能建立在科学合理、多方共赢的基础上。

创新保险功能推动绿色发展

刘新立

2022-04-08

2022年《政府工作报告》第三部分"2022年政府工作任务"的第(八)节"持续改善生态环境,推动绿色低碳发展"中指出,加强生态环境综合治理,有序推进碳达峰碳中和工作,落实碳达峰行动方案,推动能耗"双控"向碳排放总量和强度"双控"转变,完善减污降碳激励约束政策,加快形成绿色低碳生产生活方式。

绿色可持续发展是我国经济发展的重要方向,已设定了未来几十年的明确目标,在持续推进的过程中,可采用多种措施齐头并进,其中,风险管理措施,尤其是针对新问题、新挑战的创新型保险,是应对未来各方面不确定性、保障绿色发展的重要力量。

一、创新保险的防损功能,促进完善污染防治

污染防治是经济由高速增长阶段转向高质量发展阶段面临的一大挑战,除了各类减污技术措施,环境责任保险也是重要的市场手段。

环境责任保险(以下简称"环责险")又被称为"绿色保险",它以被保险人因污染自然环境所要承担的损害赔偿责任以及治理责任作为保险标的,相当于一种生态保险和特殊责任保险的复合体。环责险在美国起步较早,经过不断的完善发展,已经形成了相当大的市场规模,近几年环责险的保费每年都高达四十多亿美元。国外研究表明,环责险对生态环境的保护具有显著的重要作用,环境风险高的企业购买环责险,更有利于推动其做出保护环境的选择,可以提高企业环保工作的积极性。在我国,环责险由于道德风险与逆向选择等问题一度发展缓慢,但也受到了越来越多的关注,并被纳入环境污染治理制度体系中,成为服务于国家治理体系和治理能力现代化的市场化手段。要推动环责险进一步发展,一是要完善与之对应的法律法规体系和环境管理政策,例如环境责任的明确界定,只有在法律上明确严格地界定了责任范围,才能使得环责险的赔付具有可行性,并且倒逼企业通过保险来转移环境污染方面的巨大风险;二是明确环境风险的可保性,保险公司应具备相应的能力,从现有的政策体系和环境污染事件的规律出发,正确识别风险,预估损失,进行产品创新。2021年,深圳在全国率先建立了环境污染强制责任保险制度,在运用市场手段构建环境风险防控体系、提升企业环境风险保障水平方面进行了创新性探索。例如,强制保险中费率因子与企业排污因子直接挂钩的浮动机制,促进企业加强防损动力;又如,其规定保险公司需提前提取不低于保费金额的25%用于风险防控服务,压实了保险公司风险防控服务责任。

二、创新保险的激励功能,推动落实"双碳"目标

国际上,在联合国 2021 年发布的应对全球气候变化、控制以二氧化碳为主的温室气体排放量,实现"碳中和"的《格拉斯哥气候公约》下,发展全球、国家、区域低排放碳与高吸收碳经济一体化的模式,把应对全球气候变化缓解与适应措施在时空上相结合,实现人地协同发展,从而实现联合国制定的全球可持续发展目标已成为共识。在我国的"双碳"目标号召下,已有研究和政策提出减排与增汇双向发力的"碳经济模式",国家启动了全国碳排放交易体系建设,利用市场机制控制和减少温室气体排放、推动绿色低碳发展,践行"创新、协调、绿色、开放、共享"新发展理念,以发电行业为突破口率先启动全国碳排放交易体系,分阶段、有步骤地推进碳市场建设,在碳市场平稳有效运行的基础上,逐步扩大参与碳市场的行业范围和交易主体范围,增加交易品种,最终建立起归属清晰、保护严格、流转顺畅、监管有效、公开透明的碳市场。进一步地,根据我国宏观碳排放风险呈显著东高西低的区域分异特点,还可以创新相关保险产品,通过保费调节机制激励企业逐步向清洁能源过渡。

三、创新保险的补偿功能,助力改善生态环境

自然界及其生态系统之所以有价值,既有其内在原因,也有

其对人类的工具性价值。近些年来,全球自然资源正在以前所未有的速度减少,物种灭绝的速度正在加快,生态系统正在遭受破坏。《政府工作报告》指出,要"保护生物多样性"。保险作为一种风险管理工具,可以通过对其核心的补偿功能的创新,参与帮助生态系统的保护与修复。

生态系统相关的保险创新具有一定的挑战性。生态系统是一个由植物、动物和微生物群落和非生活环境作为一个功能单元相互作用的动态综合体。人们从自然中获得的这些工具性利益通常被称为生态系统服务。生态系统服务包括下面四类:供应服务,如提供鱼类或木材等人类消费商品;监管服务,即为人类利益而调节环境,如产生在大气中的氧气或固定在土壤中的氮;文化服务,如提供可供人们休闲放松的自然环境优美的场地;支持服务,如为蜜蜂或鸟类等非人类行为者的利益管理土地,但也通过作物授粉或种子传播间接造福人类。可以看到,除了供应服务,其余形式的生态系统服务是间接的非市场用途,虽然它们为人类提供了明显的好处,但它们既不会直接被"消费",也不会在市场上交换,很难直接估计价值。如果能够明确一些对生态系统服务具有保险利益的实体,如因为生态系统破坏而遭受经济损失的主体,且这些利益相关方愿意并有能力支付保费,目标生态系统遭受随机危险的特点又可以掌握,并且能够通过灾后立即注入资金来恢复,则生态系统相关的保险就具备了一定的成立基础。对墨西哥尤卡坦半岛的海岸线里分布的珊瑚礁设立的"海岸带管理信托基金"(coastal zone management trust)就是一个相关的创新案例,这一基金的资金主要源于向当地旅游者收取的额外税款以及当地政府的其他少量资金,用来维护尤卡坦半岛沿岸长达 60 千米的中美洲珊瑚礁。其目标是利用信托基金为保护珊瑚礁和海滩提供资金,并购买保险,以确保这些重要的生态系统在遭受极端风暴袭击后能够得到快速、彻底恢复。由此看出,利用风险管理工具的补偿功能的创新,可以填补传统方法的一些治理空白,助力生态环境改善。

发展新型商业健康保险

锁凌燕

2022-06-10

近日,国务院办公厅发布《"十四五"国民健康规划》(国办发〔2022〕11号,以下简称《规划》),提出要加快实施健康中国行动,持续推动发展方式从以治病为中心转变为以人民健康为中心,并在"做优做强健康产业"部分,明确指出要"增加商业健康保险供给",这为健康保险未来发展提出了明确要求。

一、健康产业迎来新发展格局

综合《规划》内容来看,未来健康产业的发

展重点主要包括这几个方面：一是服务全局，助力形成有利于健康的生活方式、生产方式，完善政府、社会、个人共同行动的体制机制。二是强化自身，把提高卫生健康服务供给质量作为重点，优化医疗服务模式，加快优质医疗卫生资源扩容和区域均衡布局，不断提升基本医疗卫生服务公平性和可及性。三是开辟新局，把预防摆在更加突出的位置，聚焦重大疾病、主要健康危险因素和重点人群健康，全方位干预健康问题和影响因素，统筹预防、诊疗、康复，优化生命全周期、健康全过程服务，强化防治结合和医防融合，提高基层防病治病和健康管理能力。根据《规划》，伴随卫生健康体系更加完善，健康服务业规模也将快速扩大。《规划》预期健康服务业总规模在2025年将超过11.5万亿元，相较于2019年的7万亿元，预计年化复合增长率8.6%。既要"做强"，也要"做优"。健康服务业发展首先需要各种力量的支持，医药工业的创新发展、高端医疗装备和健康用品制造生产的加快推进、社会办医的规范发展等都是题中之义；此外，健康服务业发展也需要有效的支付体系和相关业态支持，综合协同、融合发展，才更为有效且可持续。

也是从这个意义上讲，在新发展格局下，保险业的重要任务变得复合化，至少包括：（1）丰富产品内涵。一方面，拓展保障范围，为特需医疗、前沿医疗技术、创新药、高端医疗器械应用等提供费用补偿，搭建高水平公立医院及其特需医疗部分与保险机构的对接平台；另一方面，要为疾病风险评估、疾病预防、中医治未病、运动健身等健康管理服务付费，在保险产品中内嵌"预防""早诊"等功能模块。（2）延伸价值链条。探索开展管理式医疗试点，建立健康管理组织，融合提供健康保险、健康管理、医疗服务、长期照护等服务,探索医保一体化整合经营,"保障+健康管理服务"综合提供。(3)拓展产品范围。加快发展医疗责任险、医疗意外保险等健康服务业相关险种,积极发展托育机构责任险和运营相关保险,为健康服务相关产业发展保驾护航。(4)促进市场竞争。鼓励社会力量提供差异化、定制化健康管理服务包,探索将商业健康保险作为筹资或合作渠道,充分发挥市场化安排的积极作用,吸引和激励企业与投资者持续的资本投入和创新投入,以满足居民个性化、多元化的服务需求,促进健康管理服务质量的提升,这也是商业健康保险参与构建健康管理体系的关键意义所在。

二、从"雨天撑伞"到"曲突徙薪"

《规划》的上述要求,不仅显示出对健康保险的重视,也从侧面印证,"健康中国"战略的推进迫切需要一个有活力、有实力、有能力的健康保险业。过去我们一直把健康保险看作是医疗体系中的付款人(payer),但如果只是将付款人理解为"钱袋子""出纳员"的角色,其作用就被低估了。伴随着经济社会的发展和老龄化程度的加深,健康风险也在系统性地增加,健康保险业要获得更大发展,势必也应该更高度重视健康风险的变化趋势,从更大的格局和更广的视野来思考未来的战略方向。保险汇集了大家的风险保费,就有激励、有能力也有责任让资金池更安全、资金使用更有效。换句话说,应该帮助大家管好、用好这笔钱,不只是"雨天撑伞"做好经济保障,同时也应该"曲突徙薪"当好"健康管家",通过鼓励,甚至提供从预防到治疗的各个环节的健康管理服务,推动被保险人群体全生命周期的健康水平提升。

面对发展的历史机遇,商业保险公司更应该发挥其作为市场主体的主动性、积极性和创造性,通过战略合作、资本联合、投资自建等多种模式和渠道,形成与健康管理服务供给者的互动、融合,培养构建生态服务体系的能力,全力服务健康中国战略。但需要指出的是,"保障＋健康管理服务"的发展路径并不容易,面临最大的挑战之一就是跨产业经营经验的缺乏。从企业经营角度而言,是否需要拓展业务范畴,主要是看能否充分发挥跨产业资源优势,拓宽业务空间及领域,从而给企业带来新的成长机遇和利润增长点,即实现"范围经济"。丰富的理论研究和实践经验告诉我们,实现范围经济需要企业具有进入新产业的技术和管理知识,具有协调不同产业业务的能力,以支撑多元化战略能够取得可观的长期收益。而健康管理是一个内涵很深的行业,同时也是一项精巧的人类活动。作为一个行业,其健康发展需要现代化生产的高效和规范,这需要坚持科学的态度,遵循科学的程序,采用科学的方法,符合科学的规范,而当前我国健康管理行业质量参差不齐,服务的科学性、规范性、有效性还需跟踪考证。也因为健康管理服务的对象是人,势必要求服务提供者做到"以人为本",这需要追求服务的人性化,要给予消费者以人文关怀,要更多体现出服务的主动性,特别是,主动干预本身就是一项长期性的工作,其效果须长期显现,通过健康管理改善消费者健康情况势必需要长期的坚持,具备恰当的"温度"就尤为必要。可以说,健康管理是一门科学,也是一门艺术,二者的巧妙融合,势必需要长期和广泛的数据积累和实践积累,这也是目前很多保险机构所缺乏的。

因此,发展新型商业健康保险模式,将是一项长期的系统工程,一方面,需要保险机构结合自身发展实际、选择恰当的商业模式,把握好拓展健康管理服务的节奏和路径,把握优势错位竞争,在"专精特新"(专业化、精细化、特色化、新颖化)上下功夫;另一方面,保险机构也要"有耐心",在探索中循序渐进,不断总结经营规律、积累经营经验、完善基础数据库、提升风险管控水平,有机融入大健康生态体系,"诚心正意"地推动产业融合发展。

发挥保险积极作用 助力医养结合高质量发展

锁凌燕

2022-09-02

近日,国家卫生健康委员会、国家发展和改革委员会等11部门联合印发《关于进一步推进医养结合发展的指导意见》(国卫老龄发〔2022〕25号,以下简称《意见》),针对医养结合推进过程中面临的各种难点堵点问题,指出要建立完善多部门协同推进机制,动员社会力量广泛参与,推动医养结合高质量发展,并在发展居家社区医养结合服务、优化服务衔接、完善支持政策等多个方面给出了相关意见。这是对现实问题、群众关切的积极回应,也是推进积极应对人口老龄化的重要举措。

一、医养结合是大势所趋

我国人口基数大，老龄化发展速度快且持续时间长，预计到2025年，65岁及以上的人口将超过2.1亿，这势必会产生大量的养老服务需求。但对应来看，我国养老服务业发展相对滞后，养老机构发展不充分、不平衡的问题比较突出，部分养老机构一床难求，而大部分养老机构的床位空置率高于40%，养老专业技术人员短缺，居家社区养老服务资源也很不充分。卫健委数据显示，2021年年末，全国两证齐全（指具备医疗机构执业许可或备案，并进行养老机构备案）的医养结合机构共6492家，提供床位175万个，养老机构以不同形式提供医疗服务的比例超过90%，但相对于规模庞大的老龄群体仍显不足。同时，老龄群体的健康问题也比较突出，据2018年卫生服务调查数据，65岁及以上人口的慢性病患病率高达62.3%，由于慢性病具有病程长、病因复杂，且可能呈现多种慢性病叠加堆积的现象，严重威胁着老龄群体的身体机能，导致失能、重症等风险增加，给老年健康管理与健康促进带来了极大挑战，也势必带来沉重的医疗负担。可以说，如果不能实现资金与服务的协调匹配、不能实现养老服务与健康服务的协调发展，"老有所养、老有所依"的愿景也就得不到保障。

在这种背景下，"医"与"养"势必要深度衔接起来，重点解决两大方面的问题：首先，要从治病转向防病、从护理转向防失能，避免医疗护理资源和保障资金都大量集中在重症晚期治疗和重度失能护理上。大量研究表明，影响健康特别是慢性病发病率的主要因素是行为和生活方式,如果能畅通预防、治疗、康复护理这条"生命线",不仅可以提高老龄群体的生存质量,而且适配慢性病可防可控的发展特征,可以有效减少慢性病负担。从这个意义上讲,"医"和"养"天然是不能分家的。其次,在完善"养老金"多支柱的同时,加速完善"医养服务"多支柱体系建设。考虑到老龄群体广泛的异质性与多元化的需求,医养服务体系势必应做到多元化。从功能上讲,医养服务体系要能够满足兜底型需求、普惠型需求和改善型需求;从参与主体上讲,需要政府、市场机构、社区群团组织、家庭与个人广泛参与;从表现形式上讲,医养服务体系应该呈现居家、社区、机构协调发展的格局。

二、保险业应发挥积极作用

《意见》指出,"鼓励商业保险将老年人预防保健、健康管理、康复、护理等纳入保障范围"。此前,国务院印发的《"十四五"国家老龄事业发展和养老服务体系规划》(国发〔2021〕35号)提出要支持商业保险机构开发商业养老保险和适合老年人的健康保险,引导商业保险机构加快研究开发适合居家护理、社区护理、机构护理等多样化护理需求的产品,而《意见》则进一步拓展了鼓励商业保险保障的范围,这也对保险业提出了更高的要求。

一是提供资金保障。伴随老龄化程度的加深,医养服务的可支付性面临日益严峻的挑战。以老龄少子化程度持续加深的日本为例,据日本厚生劳动省统计,2000年至2020年,65岁以上长期护理保险的参保人数增长64%,而被认定需要保障的受益人人数增长207%,使用各类护理服务的人数增长高达

232%。面对医养需求系统性的增加，动员各类力量、构建多方主体共同参与的多支柱融资体系就显得非常重要，商业保险应该发挥积极作用，成为重要的资金保障提供者。

二是整合医养资源。目前来看，我国的医疗健康和养老服务体系长期由不同类型的组织提供，也由不同的政府部门监督管理，政策、服务衔接成本较高。而作为医养服务，甚至更广阔范围服务的付费方，在提供资金保障的同时，保险企业也会基于"采购"功能构建关联服务生态圈，形成"保障＋服务"能力。一方面，能够以更低成本推动各类服务衔接；另一方面，在老龄化社会中，这也是保险企业的"护城河"。很多国际保险业同行正是在长期的保险经营过程中，逐步构建起广泛的设施服务网络，从而在竞争中巩固优势、筑牢长期发展基础的。目前我国医养体系发展还不够，保险企业在早期发展阶段介入，更容易凝聚谈判力量，也更有机会参与塑造成本、质量控制体系。这样的战略机遇窗口不容错过。

三是促进老龄健康。中国老龄化的速度快、未来老龄群体和高龄群体的规模大，医养保障体系可持续的根基，在于促进老龄群体的健康水平，以降低未来的医养负担。老龄事业的工作思路，必须面向主动预防，面向效率提升。目前我们的基本医保和试点中的长期护理保险，更关注治疗和护理阶段的费用保障。而作为市场化的机构，商业保险可以更积极地探索延长"保障链条"，设计有激励性的付费机制，激励消费者积极采取疾病预防、慢性病管理等健康行为，降低不同年龄群体的健康风险。这不仅是健康中国战略的要求，也是行业管理老龄社会长寿风险的不二之选。

三、"基础设施"建设需要先行

当然,商业保险产品的创新与探索,需要"基础设施"的完善。对于以风险为经营对象的保险业而言,最重要的基础设施无疑是数据基础。为医养结合提供相关保障,实现上述各项功能,保险业需要积累的数据基础更为广泛,至少应包括高质量的消费者健康行为数据、健康指标数据、医疗数据、护理数据及相关成本等,基于对充足、高质量的数据进行分析,才能够有条件为消费者提供有价值的,乃至量身定制的健康行为改进方案,为医养服务的使用者提供更具效率的服务方案指导。但目前来看,这些数据分散于不同机构的系统之中,囿于数据标准不同、数据流通机制与规则不完善等,难以实现数据共享。推动行业创新发展,势必需要花大力气推动数据平台的发展与完善,为保险企业形成并优化健康风险算法和健康管理策略夯实基础。事实上,伴随数字经济的快速发展,数据正日益成为重要的生产要素,我们需要在更广范围内探讨如何高效、安全、合法合规地利用好数据,为数据本身以及数据开发利用过程中所面临的安全、市场化、标准化的难点寻求理论突破和最佳实现路径,这也正是完善保险业基础设施的良好时机。

气候异常对保险业的挑战

刘新立

2022-09-16

2022年夏季,我国中东部地区出现持续性、大范围的高温、干旱天气,此次高温过程具有持续时间长、范围广、强度大、极端性强、影响大等特点,综合强度为1961年有完整气象记录以来最强。不单是我国,欧洲、北美洲、非洲以及亚洲的其他许多国家也都经历了有史以来最炎热干旱的夏季。在欧洲,500年来最严重的干旱影响着那里人们的生活和生产,持续数月的创纪录高温以及南欧的大范围野火让人触目惊心。全球变暖的趋势已经实实在在地显现了。

联合国政府间气候变化专门委员会（Intergovernmental Panel on Climate Change，IPCC）第六次评估报告指出，最近50年，全球变暖正以过去2 000年以来从未有过的速度发生，气候系统的不稳定进一步加剧。有气象学家认为，从比较长期的角度看，这样的极端气候事件未来肯定会增加，尤其是南北极的升温值得我们密切关注，最新的科学研究显示，北极升温速度要比全球其余地区平均快4倍，这有可能带来降水特别是极端降水的增加，导致洪涝的可能性增大。

面对气候异常，除了发展绿色经济、发挥各类控制型风险管理措施的功能减轻气候异常所造成的灾害损失，作为独特的融资型措施，保险无疑是重要的应对巨额损失冲击的"缓冲器"。但在出现气候异常压力之前，自然灾害风险不被认为是理想的可保风险，当我们还在探索构建多层次风险转移体系时，巨灾风险已经发生了转变。气候变化正对保险市场产生严重影响，这种影响涉及从原保险、再保险到保险连接证券的全流程，巨灾风险的急剧增加给这些层面带来了挑战。

一、巨灾风险发生转变

首先，从致灾因子的角度看，保险业面临的严重灾难损失风险迅速增加。随着全球气温和海平面上升，严重灾难事件发生的频率和严重性都在增加，如穆迪公司的一项研究就发现，1980年至2018年全球70%以上的野火保险损失都是在2016年至2018年发生的。严重灾难事件所带来的风险不断变化，对行业准确评估再保险和保险连接证券交易的下行风险敞口的能力形成挑战,这些业务领域的回报可能会经历越来越大的波动性。

其次,从保险标的的角度看,在气候变化的背景下,很多公司从传统能源向绿色能源转变,与之对应,劳合社(Lloyd's,英国的一家保险人组织)已宣布计划在2030年之前停止向某些类型的化石燃料企业销售保险,其他一些公司也做出了与劳合社相同的承诺,预计会有越来越多的公司效仿,这也更促进了企业转型。与化石燃料开采和运输相比,虽然绿色能源通常更安全,保险损失事件更少,但是在某些方面,绿色能源可能有其特别的风险,如与向低碳经济转型相关的中断和转移所产生的风险,可能会影响资产价值或经营成本。在这方面,目前还没有太多的记录,由于缺乏相关数据,保险公司并未全部了解未来可能承担的风险。绿色能源既是能源的未来,也是保险的未来,保险公司需要清楚如何更有效地理解保单、为保单建模和定价,尤其是当替代能源在不断发展之时。

再次,从风险评估的角度看,气候异常对风险评估模型中的相关性参数也形成挑战。高温、干旱以及暴雨洪水,这些事件可能同时发生,也可能产生连锁反应。随着每个事件造成的极端损失增加,事件之间的相关性也将增大,形成复合极端事件,这些新现象使得原有的相关性系数需要随之进行调整。

最后,从保险购买者的角度看,他们不仅面临由于巨灾风险性质的变化导致保险公司的保费率增加,而且随着索赔纠纷愈加频繁,还面临与此相关的费用增加。面对灾难事件造成的前所未有的损失,行业参与者越来越多地采用法律手段来处理纠纷,这会导致波动性增加。这些不断变化的风险、不断增加的波动性和再保险需求,将导致再保险的买方成本增加。

二、定价策略更趋保守

在快速变化的环境中,针对巨灾保险的保障方案和赔付、核保、风险评估量化等内容,需要更为精确地把握。其中,风险评估的准确性是当前全行业所面临的重要课题。管理灾难事件造成的意外损失(自然和法律损失)需要行业参与者重新评测其风险评估策略,这需要对损失风险定价的基本假设和策略进行批判性研究。例如,虽然再保险人先前假设可以通过全球多样化降低灾难风险的影响,但气候变化挑战了这一观点,因为更频繁的灾难事件在短时间内会同时影响许多地理区域。研究表明,巨灾模型公司对全行业损失预测的准确性近年来有所下降,因此可能需要采取更保守的定价策略,以避免损失暴露超出再保险人或保险连接证券参与者的预期接受水平。

对再保险市场来说,这些挑战并非是全新的。过去,再保险行业在经历过巨灾索赔之后,市场通过大幅提高再保险价格做出了反应,这反映出该行业对损失敞口的假设发生了变化。此外,在经历了之前的巨灾损失后,再保险的需求也趋于增加,这些过往经历给了再保险购买者一个明确的警告,即随着气候变化的持续,超出现有模型和假设范围的灾难损失不断增加,鉴于气候变化带来的新风险,再保险分出人对扩大再保险承保范围的偏好会增加,购买者可以预期,再保险的承保将面临巨大的价格上涨压力。此外,随着气候变化加剧,发生频繁、严重和不可预测的灾难事件的风险增加,保险连接证券的交易各方以及巨灾再保险的业务之间,就灾难损失可能引发的大量索赔产生争议的风险也随之增加,这加大了在快速变化的环境中面对高成本诉讼的风险。

世界各地的保险公司和再保险公司都在努力减少涉及气候异常以及能源转型对其业务的影响,研究全球气候变暖对自然灾害发生、生物多样性、经济增长的影响,有利于前瞻性地进行风险模型预测及解决方案设计。同时,保险业在研究气候变化相关风险的同时,也需要提升对与气候行动有关的全球倡议的关注度,例如原则签署、规范披露、目标设定以及投融资标准等,这些方面都是尤为重要的。

气候变化呼唤保险业合作创新

刘新立

2022-09-23

随着气候变化导致的气象灾害越来越频繁,以及叠加了经济因素之后,灾害强度增大的趋势越来越明显,巨灾保险的有效性也面临着越来越大的挑战。气候变化的趋势虽然已经基本确定,但就每一个较小的时段来说,自然灾害的发生仍然具有一定的风险,我们可以借助风险管理的办法来探索应对之策。

巨灾风险管理体系中,保险只是其中的一类措施,但对于可能造成巨额损失的纯粹风险来说(即无论如何,从全社会的角度来看,损失都是要被承担的),保险独特的风险分散、风险平滑的作用仍然是无可替代的。但是,在并不完美契合大数定律的大面积自然灾害风险,尤其是气候变化又加剧了其不满足特征的背景下,想要更好地发挥保险的作用,就需要围绕保险业展开更多的合作创新,以期构建一个更广范围的联合体,能够以更大的定力来应对气候波动风险的增大。

一、不同层次风险承担主体之间的合作创新

公私合作是近年来理论和实践领域的探索热点。巨灾保障的提供者是政府还是保险公司,抑或是二者在一定程度上合作,对应着政府和市场在巨灾保险制度运行中承担的不同责任,以及效率和公平之间的权衡。

政府和市场在应对灾害风险方面各有其优势。对政府来说,首先,降低风险是政府最重要的任务之一。它可以统筹安排灾前预防、灾中救助和灾后重建的全流程工作,这有助于减少损失。对灾害风险来说,能够在成本合理的前提下降低其损失,是风险管理的目标,即降低风险的成本,而不能只是关注灾后融资这一个环节。其次,风险的降低有助于增强保险的可用性和可负担性,这种间接效果使保险能够触及更多风险承担主体。尤其是中低收入群体,可以有效缩小他们的保障缺口,增强他们面对较大经济压力时的韧性,这就又回到了降低风险的起点,形成了良性循环。最后,政府主导的保险计划,例如针对特定行业和风险的强制性保险以及公共保险等措施,更有助于推行。对保险业来说,保险公司有能力开发巨灾保险所需的技术和产品,此外,行业的另一个重要作用是通过向公众提出建议和进行教育

来帮助他们建立对保险的信任和正确认识。

在气候变化的背景下,政府支出在全球气候成本中所占的份额可能会越来越大,往往会给政府带来长期的财政不稳定。对此,公私合作可能是最有效的解决方案。保险公司可以利用政府的分销网络和基础设施来引导它们的产品销售和解决方案的制订,政府可以与保险公司合作制订补贴计划,帮助个体获得必要的保护。合作的模式、比例、产品等,都可以在不同区域和不同时段进行差异化的调整。例如,建立一个有政府担保的(再)保险池,有利于规划好不同层次的风险分配;又如,定制的小额保险,可以在灾难后向灾民提供急需的救济。基于参数的产品和解决方案也在不断发展,其重点是降低基差风险。参数化产品可以在发生严重事件后立即提供救济,并且可以在任何层面(从宏观到微观)开发和使用。如瑞士再保险公司与墨西哥政府合作,在地震灾难发生后,墨西哥政府在两周内就收到了瑞士再保险公司提供的 2.9 亿美元赔付用于救灾。又如,为了在灾后尽快获得损失补偿,且作为政府建立抵御自然灾害战略的一部分,印度尼西亚于 2018 年启动了灾害风险融资和保险战略,这相当于一个法律框架,为国有资产提供保险。该战略旨在获得及时、有针对性、可持续和透明的灾害风险筹资计划。随后的国家保险试点项目就从建筑物的灾害保险计划开始,由 50 家直保公司和 6 家再保险公司组成的联合体提供了超过 10 万亿印尼盾的保障。再如菲律宾巨灾债券(World Bank Philippines Catastrophe Bonds),它是由世界银行发行的东南亚首只主权巨灾债券,2019 年至 2021 年这 3 年间为菲律宾政府提供了 2.25 亿美元的地震和热带气旋风险保障。菲律宾的灾害风险融资和保险战略遵循多层次的方法,以解决国家、地方和个人层面的灾害风险融资需求。它还结合了不同的金融工具,包括专门的灾难基金、信贷额度以及向国际再保险和资本市场转移风险。菲律宾巨灾债券于2019年11月在新加坡交易所上市,是菲律宾政府执行灾害风险融资和保险战略的一项具有里程碑意义的交易,标志着多项首创性成果——第一只由亚洲主权国家直接发起的巨灾债券、第一只在亚洲交易所上市的巨灾债券以及第一只在新加坡上市的世界银行债券等。2021年,超强台风雷伊达到了台风触发等级,巨灾债券向菲律宾政府支付了5 250万美元。

我国政府近年来也在购买参数型保险方面进行了很多探索。在这方面,行业创新者必须满足投保群体的需求并平衡其可负担性。

二、不同区域风险承担主体之间的合作创新

当气候变化使灾害风险越来越具有系统性风险的特征时,扩大保险标的的单位以及承保区域的范围,能够在一定程度上对冲上述趋势。

近年来,亚洲新兴经济体已经开始了一些合作创新的探索。如2019年7月成立的东南亚灾害风险保险基金(Southeast Asia Disaster Risk and Insurance Facility,SEADRIF),它是东南亚国家联盟(以下简称"东盟")制订的第一个全面解决灾害风险融资问题的区域计划。东盟国家在地震、洪水、热带气旋等各种自然巨灾风险以及海啸、火山等次生灾害中面临较大经济损失,但该区域巨灾风险保险市场在保险深度方面仍不发达。

东南亚灾害风险保险基金提供风险识别、风险控制以及保险等服务,相当于东盟国家获取金融、分析、咨询和知识服务的一个多功能区域平台,该平台提供产品来增强金融体系抵御灾害和气候冲击的能力,增加了相关国家从灾难事件中尽快恢复的韧性。在这个平台中,东南亚灾害风险保险基金保险公司(The SEADRIF Insurance Company)是注册在新加坡的直保公司,其提供的第一个金融产品是老挝和缅甸的巨灾保险。它利用联合准备金以及参数型巨灾保险解决方案,为这两个国家在严重洪水等灾害发生后提供流动性。应成员国要求,东南亚灾害风险保险基金也在探索开发其他灾害风险融资解决方案,例如东盟国家公共资产和基础设施的联合保险。

平衡增长、盈利和安全的"三角"关系

贾 若

2022-10-14

保险是现代社会风险管理的基本手段,保险公司是保险保障的提供者,是风险的承担者,是保险产品的研发者和服务提供者。提高保险公司经营管理效率,对改善社会风险管理、提高公司福利水平具有重要意义。

保险公司在经营管理过程中,通常以公司价值最大化为目标,这一目标经过分解,可以转化为多重战略目标,主要包括增长、盈利、安全(风险管理)等,上述战略目标之间存在权衡取舍的关系。因此,保险公司往往需要将战略目标排定优先次序,在某一阶段以某个目标为重点,而在一定程度上牺牲其他目标。因此,选择不同的优先目标,对保险公司经营管理的结果和效率会产生不同影响。

以欧洲联盟(以下简称"欧盟")为代表的发达市场中,保险公司数量众多,竞争充分,保险公司经营管理目标的选择存在多样性,而选择不同的优先目标会导致公司市场份额、盈利水平、股票价格等指标的变化较明显。在以中国为代表的新兴市场中,保险行业增长较快,市场潜力大,市场份额变动更为剧烈,保险公司往往更关注增长,而在一定阶段将盈利水平和安全(风险管理)置于相对次要位置,监管部门为此也多有引导和纠正。

与实体制造业和服务业,甚至和其他金融机构相比,保险公司的安全性尤为重要。保险公司主动承担风险,换取对价,是其他经济部门和家庭的保障与依靠。若保险公司偿付能力不足,在重大事故或者经济危机发生后无法兑现承诺,会影响千家万户,容易产生系统性风险,危及社会稳定。增长,对于保险公司改善风险分散状况、降低流动性风险同样有重要意义;增长同时也是未来提升盈利能力的基础。但以放松核保质量为代价的增长,有可能危及盈利能力和安全。

基于欧盟市场的实证研究显示,在一个竞争相对充分的成熟市场中,增长、盈利、安全是互相影响、相辅相成的。温和的增长与公司的盈利能力正相关,但是,增长过快或者负增长通常与盈利能力负相关。同时,较弱的盈利能力通常与高风险紧密相关,盈利能力弱的公司更容易铤而走险。在一个十年的维度上动态观察,如果保险公司在早期将盈利放在比增长更重要的位置,那么其最终更有可能达到"有盈利的增长"这种理想状态;反过来,如果保险公司过于注重增长,最终更不容易达到理想状态。

基于实证研究总结得出的,保险公司在增长、盈利、安全三个方面都成功的占优策略应当是,按照盈利、安全、增长的顺序安排三个目标的重要性,但同时不能放弃对其中任何一方面的考虑。当然,上述结论是从以欧盟为代表的成熟市场中总结而来的。

当前,中国保险市场增长进入新常态,保费增长率呈下降趋势,虽然距离成熟市场还有数十年的发展差距,但应当认识到,中国保险市场的发展是赶超式的,高增长模式将在未来一段时期内过渡到内涵式发展的市场态势,所以发达市场的经验是值得参照的。

中国的保险公司在未来十年内,是否要经历从优先"追求增长"到"盯住利润"的转变,这种转变会遇到哪些问题。是应该等待市场自发完成转变,还是应当由监管机构主动引导。这些问题有待行业和学术界深入研究和思考。

一个似乎少有争议的观点是,中国的保险公司和监管机构,从长远来看,需要把盈利能力和安全(风险管理)考量置于更加重要的位置,并贯彻到公司经营管理的日常活动中。商业车险市场化改革、偿付能力规则中的保险公司偿付能力风险管理能力评估(SARMRA)都充分体现出这种监管思路。

气候变化风险评估应重视前瞻性测试

刘新立

2022-12-09

在世界经济论坛发布的《2022年全球风险报告》中,"气候行动失败"以及"极端气候"被列为未来十年中十大风险的前两位。气候变化带来的挑战正在被越来越多的国家所重视,对以管理风险为核心业务的保险业来说,对气候变化进行风险评估已迫在眉睫。风险是未来的不确定性,虽然我们在过去几年的极端天气中已经感受到了气候变化的影响,但风险评估是面向未来的,尤其对正在发展变化之中的风险,更应重视前瞻性的视角。

在推动气候变化风险评估方面,近年来各国监管部门都进行了大量探索。例如,包括英格兰银行、欧洲保险和职业养老金管理局、全美保险监督官协会、新加坡金融管理局、加拿大金融机构监理总署等在内的11个监管机构就相关监管事项列举出了具体问题。这些监管事项涉及对保单持有人的保护、保险公司的财务状况、公司治理与战略、保险方案的可保性和可负担性、财务稳定性、增强风险意识、数据处理/风险评估服务和环境管理。公司治理方面的问题包括:公司如何在其治理框架和组织结构中考虑气候变化风险,整个机构是否都了解气候变化风险、公司是否已准备好披露气候变化风险敞口等。公司战略方面的问题包括:公司是否有应对气候变化风险的战略方针,公司是否已考虑过与气候变化相关的风险偏好,公司已采取或正计划采取哪些潜在的缓解或管理措施以应对气候变化的风险和机遇,气候变化风险是否已被纳入公司的整体战略等。与保险方案的可保性和可负担性密切相关的风险管理方面的问题包括:公司如何看待气候变化背景下某些风险的可保性,公司多久评估一次资产和负债的气候变化风险,公司是否采取措施使得主要利益相关方参与气候变化风险和韧性的讨论。与财务稳定性密切相关的资本与现金流管理方面的问题包括:公司的资产负债表对由气候变化引起的金融不稳定性的风险敞口有多大,公司是否有足够的资本在较长时段内应对严峻而又可能发生的气候变化场景,公司是否对气候变化风险与其他风险进行了相对排序。与增强风险意识密切相关的合规与信息披露方面的问题包括:公司如何报告其气候变化风险敞口,公司是否愿意披露与气候相关的信息以帮助提高投资者和投保人的风险意识。通过对这些问题的思考以及对答案的实践，可以引导保险公司进行前瞻性的准备。

保险公司应从全盘着眼，将气候变化风险评估纳入核心业务决策。对公司来说，采用前瞻性视角对与决策相关的气候变化风险进行评估是一个探索性的、反复的和逐步适应的过程，这需要时间来进行调整优化。对风险的评估需要考虑多方面的因素，如实体风险、转型风险和诉讼风险的重要性，以及它们在资产负债表中不同时间范围（短期和长期）内的相互作用，包括不同业务之间以及不同决策之间的相互作用。国际保险经济学研究会（The Geneva Association，以下简称"日内瓦协会"）提出了一个用于指导风险评估的、包括若干环节的框架，以及这些环节之间可能需要的循环迭代。循环迭代既有完整的从始至终的大循环，也有只包括了中间几部分的小循环。框架中的环节包括基本问题、驱动因素、范围界定、分析、解读、行动和信息披露。其中，基本问题指的是来自管理层或监管机构的某一类业务的总体性问题；驱动因素指的是影响基本问题的内部业务职能、它们之间的交互作用和反馈循环，以及基本问题涉及的外部驱动因素；范围界定指的是界定需要考虑的更细化的业务问题，这些问题与内部业务职能和外部驱动因素相关。在上述条件都设置好之后，便进入分析环节，这是风险评估的核心技术性环节，采用情景分析的模式，更适合进行前瞻性讨论。在这一步，首先进行重要性评价，涉及风险类型及相互作用、时间、地域以及行业等方面，其次对情景的意义进行评价，通过假设"如果……会怎样"来分析结果，由此测试公司抵御气候风险的能力、评估应对方案的影响，以及对公司商业模式进行压力测试。最后，分析环节完成后进入解读环节,主要是对分析结果的理解、对分析过程局限性的探讨以及对未来优化调整重点的设想。行动环节的工作即与公司管理层沟通,阐明关键决策、潜在行动方案及其影响、战略相关性、风险偏好、决策反馈等方面的结果。解读环节、行动环节与分析环节之间可能有多次循环。信息披露指的是向外部利益相关方报告分析结果。

随着每一次测试的进行,公司可以通过评估实体风险、转型风险和诉讼风险的相互作用来增加对风险复杂性的了解,探索这些风险在业务职能内部和相互之间的表现,并制订不同情形下的应对计划。

作为一种对风险和机会进行前瞻性评估的工具,通过情景分析,保险公司可以对气候变化涉及的单个或组合因素进行系统性探索,并在面临重大不确定性的情况下做出战略决策。

用新发展理念推动商业健康险高质量发展

茅陈斌

2022-12-23

党的二十大报告提出要加快构建新发展格局,着力推动高质量发展,要完整、准确、全面贯彻新发展理念。商业健康险作为社会主义市场经济和多层次医疗保障体系的重要组成部分,为了更好地服务党的二十大报告对健全社会保障体系、推进健康中国建设等民生保障建设的战略要求,也亟须迈入高质量发展的新阶段。何为商业健康险的高质量发展?目前,业界和学界尚未对此形成明确、统一的认识和定义。基于党的二十大报告等资料,笔者认为,可以从高质量发展的核心内涵,即创新、协调、绿色、开放、共享的新发展理念角度来理解。

商业健康险的高质量发展应以创新为驱动力。创新是引领行业发展的第一动力,也是行业持续健康发展的重要保证。商业健康险应坚持创新驱动发展,通过更多的科技赋能推动商业健康险产品和服务的创新,提供医疗、疾病、康复、照护、生育等多领域的综合性健康保险产品和服务,以实现保险产品供给能力的增加。从产品创新的角度看,一方面,商业保险机构应围绕特需医疗、前沿医疗技术、创新药等新兴医疗消费需求,增加新型健康保险产品供给;另一方面,商业保险机构应配合健康服务相关产业发展,加快发展医疗责任险、医疗意外保险等健康服务业相关险种,积极发展托育机构责任险和运营相关保险。从服务创新的角度看,商业保险机构应延伸价值链条,探索"保障+服务"的经营模式,积极开展管理式医疗试点,建立健康管理组织,融合提供健康保险、健康管理、医疗服务、长期照护等服务。此外,商业保险机构应加大数字化转型力度,利用科技赋能商业健康险产品和服务的创新。数据显示,2018年以来,我国保险业信息科技累计投入达941.85亿元;截至2020年年末,我国保险业信息科技正式员工数量超过2.6万人,占保险业正式从业人员数量的2.51%。尽管取得了长足发展,但商业保险机构的数字化转型仍有较大的提升空间。

商业健康险的高质量发展应实现各地区间、各经营主体间、各险种间、多层次医疗保障体系各层次间的协调发展。我国的商业健康险存在发展不平衡的问题,而协调发展是应对发展不平衡问题的重要手段,也是持续健康发展的内在要求。商业健康险作为民生保障建设的重要一环,应具备系统观念,避免不同地区间发展水平差距过大、不同经营主体间市场实力差距过大、不同险种间保费收入份额差距过大、多层次医疗保障体系各层次间协同性不足等问题。以多层次医疗保障体系各层次间的协调发展为例,党的二十大报告提出,要促进多层次医疗保障有序衔接。商业健康险作为多层次医疗保障体系的重要组成部分,应在保障范围、目标人群等方面与基本医疗保险等其他环节有序衔接、协同发展。商业保险机构应积极探索推进医疗保障信息平台与商业健康险信息平台的数据衔接与信息共享。

商业健康险的高质量发展应着眼"绿色",实现可持续发展。绿色是可持续发展的必要条件。从狭义的"绿色"上看,商业健康险可以通过各种途径助力环境保护。在投资端,商业保险机构可以通过投资绿色建筑、绿色康养社区、医院等社会基础设施项目,在助力社会节能减碳的同时维持自身长期运营的可持续性;在产品端,商业保险机构则可以开发创新的商业健康险产品和服务,利用健康管理服务鼓励用户的低碳健康行为,从而起到保护环境的作用。从广义的"绿色"上看,提高资源利用效率、避免不必要的资源浪费是任何经济活动实现绿色发展的必要条件。医疗服务效率是多层次医疗保障体系能否实现可持续发展的关键因素之一。《关于促进社会服务领域商业保险发展的意见》(银保监发〔2020〕4号)提出,要"完善商业保险机构承办城乡居民大病保险运行及监管机制,提升服务水平,积极参与医保控费,推动减少'因病致贫、因病返贫'"。作为多层次医疗保障体系的重要组成部分,商业健康险应通过积极参与健康管理、药品供应、医疗费用控制等环节来促进医疗服务效率的提高。

商业健康险的高质量发展应坚持对外开放。我国的商业健康险发展起步较晚,需要通过开放发展准确地把握国际国内商业健康险发展的先进理念和实践经验,实现发展的内外联动。进入新时代,国家通过发布政策、修订法规、改善营商环境等手段积极推进保险市场的制度型开放。数据显示,截至2021年年末,来自16个国家和地区的境外保险机构在华设立66家外资保险机构,在华外资保险公司总资产达2万亿元,市场份额达7.8%。通过外资和人才引进、国际合作等方式,我国的商业健康险市场应加快推进对外开放,引入先进的管理经验、技术和优秀人才,吸收优质的国际发展经验,逐步实现"引进来、走出去"的双向开放。

商业健康险的高质量发展应更加注重普惠性。"发展成果由人民共享"是共享发展理念的重要内核,也是面对多样化客户群体的商业健康险能更好地发挥保障功能所必须秉承的发展理念。近年来,我国的商业健康险飞速发展。根据银保监会的数据,2011年到2021年,我国商业健康险的原保费收入从692亿元快速增长到8 447亿元,复合增长率高达28%。在"蛋糕"不断做大的背景下,商业健康险在民生保障方面也成效显著。截至2021年年末,大病保险制度已覆盖12.2亿城乡居民,累计赔付超过6 000万人次;惠民保已覆盖全国28省,共有1.4亿人次参保,保费约为140亿元。在未来,商业健康险的高质量发展更应凸显保障属性和惠民属性,利用保险科技赋能承保能力,扩大保障范围,更加关注老年人、非标体等商业健康险长尾人群,不断提高群众对商业健康险的认可度。这样既能扩大商业保险机构的业务范围,提高其竞争力,也能有效提高广大人民群众的健康保障水平,有力提升民生福祉。

新发展理念是高质量发展的核心内涵,完整、准确、全面贯彻新发展理念则是实现高质量发展的必然要求。过去,我国的商业健康险在保费规模、覆盖面等方面取得了长足的发展。如今,在面向中国式现代化的新征程上,商业健康险应立足于新发展理念,综合考虑创新、协调、绿色、开放、共享五个方面,通过科技赋能创新、建立系统观念、关注长尾人群等方式实现高质量发展。

破除"数据孤岛" 让健康险有序发展

刘佳程

2022-12-30

《"健康中国2030"规划纲要》提出"健全以基本医疗保障为主体、其他多种形式补充保险和商业健康保险为补充的多层次医疗保障体系";2022年4月,国务院印发《"十四五"国民健康规划》(国办发〔2022〕11号),指出要"增加商业健康保险供给";党的二十大报告中亦明确指出要健全社会保障体系,积极发展商业医疗保险。这一切都明确体现了商业健康保险在我国医疗保障体系中的重要作用。

从我国医疗保障体系布局来看,社会基本

医疗保险秉承"广覆盖、适度保障"的原则,为居民提供基础医疗保障。然而,在医疗技术进步、就医费用上涨以及消费者需求多元化的背景下,基本医疗保险制度暴露出保障程度不足与消费者选择缺失的问题。商业健康保险允许消费者根据自身需求与经济状况选择补充保障,与基本医疗保险形成互补。

近年来,在客观需求的催发与国家政策的支持下,商业健康保险发展迅猛。根据银保监会数据,商业健康保险原保费收入由2017年的4389亿元增长到2021年的8447亿元,平均年化增长率近20%,成为我国人身险市场增长的亮点。然而,不容忽视的是,商业健康保险近年来赔付支出也在迅速上涨,其增速显著超越了同期保费收入增速,反映出迅猛发展背后的隐忧。具体来看,商业健康保险赔付支出由2017年的1295亿元增长至2021年的4029亿元,年化增长率约为33%。

一、健康险市场也有"死亡螺旋"

笔者认为商业健康保险市场的信息不对称问题日渐严峻是近年来赔付增速大幅提高,并超过保费收入增速的重要成因。信息不对称通常指市场交易中的一方比另一方掌握的信息更为充分,因此处于有利地位。应用在保险市场中,相较于保险公司,投保人往往更加了解所投保标的的实际损失概率,以及损失的实际影响大小。若投保人利用上述信息优势谋取利益,便会引发经典的逆向选择与道德风险问题。

具体来说,逆向选择是指投保人相较于保险公司更加了解自身健康状况与疾病风险,因而身体状况较差的投保人可以利用自身信息优势,以低于精算公平保费的价格获得保险。例如,由于我国互联网商业重疾险产品在核保时普遍仅要求消费者填写性别、年龄等信息以及简易健康告知问卷,因此投保人存在隐瞒身体状况和疾病历史的可能性。在缴纳相同保费的情况下,较之身体状况较好的低风险个体,身体状况较差的高风险个体往往更有动机购买补充商业保险保障。大量高风险个体的涌入导致低风险个体的占比降低,从而提高了风险池的风险水平与平均赔付率。而平均赔付率的提高又将进一步促使保险公司提高产品费率,降低低风险个体的参保体验,促其退出,在极端情况下则可能形成类似于柠檬市场的"死亡螺旋"。

道德风险则是指参保者在获得额外的商业保险保障之后,部分就医费用可以获得商业保险补偿、边际就医成本下降,从而激励其消费更多、更好的医疗保健服务,最终表现为理赔金额的提升。不过,由于我国商业健康保险产品通常仅覆盖经过基本医疗保险赔付过后的自付医疗费用,且设有一定起付线,赔付的触发往往需要参保者产生自身难以控制的大额医疗支出。因而,学界通常认为,对于主打重大疾病保障的保险产品,道德风险问题可能不如逆向选择问题严重。

二、破解信息不对称问题

无疑,无论是逆向选择还是道德风险,信息不对称问题都对我国商业健康保险的有序健康发展带来了巨大挑战。笔者认为可以从以下几种思路着手,优化产品设计,缓解信息不对称问题。

一是鼓励投保人进行风险自揭露,在产品中设置"带病投保"选项。从目前的实践来看,不少保险公司已经推出了针对患有特定疾病群体的"带病投保"选项,鼓励投保人主动告知疾病史和就医史。对于该类投保人来说,通过传统渠道投保可能因为违反健康告知而无法获得保险赔付,通过"带病投保"选项参保的代价则是潜在的保费上升或是部分医疗项目赔付的免责。"带病投保"选项对于该群体中的风险规避者具有一定吸引力。"带病投保"选项的设立不仅可以分离部分原有参保者中的带病群体,在一定程度上实现差异化风险定价,还可以将补充医疗保障惠及更多未曾投保但符合"带病投保"选项要求的潜在投保人,拓展商业保险保障范围。

二是设计优惠条款,吸引低风险群体参保,鼓励团体投保。对于从未发生理赔、具有良好生活习惯(如没有吸烟史),或是团体投保的消费者,可以给予其部分保费优惠,或是增加额外保障,吸引该类消费者投保、续保。上述类型的投保人往往可以起到优化风险池的作用。已有研究表明,以重疾险为代表的我国商业健康保险市场中,由于个人通常只能预判短期重疾风险,因而高风险个体与低风险个体在理赔方面的差异往往在投保最初数年内显现。因而,从未发生过历史理赔的个体可以在一定程度上被视为低风险个体。由于抽烟等不健康习惯与肺癌等疾病具有较高关联性,给予无吸烟史的投保人保费优惠也可以在一定程度上实现事前风险分类与定价。此外,有关团体保险的研究表明,团体投保的投保人亦可被视为相对低风险的投保群体。

三是秉承长期主义,积极推广长期健康险,限制盲目竞争行为。我国商业医疗保险市场中绝大部分有效保单是短期险,缺乏长期稳定的保障能力,部分公司盲目抢占市场份额,在定价方面过于激进。笔者认为,应当规范商业健康保险产品设计与营销环节,合理规划产品定价,重视产品设计、服务竞争而非价格竞争,提升产品长期竞争力与保障能力,吸引低风险消费者投保、续保,以稳定长期风险池。

四是发挥商业健康保险的健康管理作用,在疾病预防、疾病康复方面发力。在疾病预防方面,商业健康保险公司可通过奖励健康生活习惯(如给予每日行走达到一定步数的消费者以保费优惠)、提供免费就医咨询、补贴健康检查等方式降低疾病发生的风险与严重程度。在疾病康复方面,可通过寻求与特定医疗机构合作,建立基于疾病分级诊疗的赔付政策,鼓励消费者在较低等级的医疗机构治疗小病,优化医疗资源配置与降低诊疗费用。

此外,还应积极进行费用管控系统建设,破除"数据孤岛"现象,打通商业医疗保险机构与社保机构、医疗机构之间的数据桥梁,加强对于不合理医疗费用的审核,从根源上减轻信息不对称问题对行业的负面影响。

CCISSR 政策与监管

保险如何长效支持"三农"发展

姚奕

2022-02-25

2022年2月22日,进入21世纪以来第19个指导"三农"(农业、农村、农民)工作的中央一号文件《中共中央 国务院关于做好2022年全面推进乡村振兴重点工作的意见》(以下简称"一号文件")如期而至。2022年的工作重点包括坚决守住不发生规模性返贫底线,聚焦产业促进乡村发展。在全面脱贫攻坚任务完成后,如何巩固拓展脱贫攻坚成果,并有效衔接乡村振兴战略成为"三农"工作的重中之重。从国家发展战略角度来看,乡村振兴的重要性不言而喻,它是实现共同富裕的必要条件,也是整合城乡二元结构发展的关键一步。

在全面脱贫攻坚阶段,保险发挥了其独特的功能。作为一种历史悠久的制度化的风险保障工具,保险天然地与兜底灾害、防损减损联系在一起。而进入乡村振兴战略的实施阶段,保险可以持续发挥财产保障、人身保障、融资增信多方面的功能,长效支持"三农"稳健发展。

在财产保障方面,首要任务是发展多层次的农业保险。目前,政策性农业保险是主导险种,其涵盖的作物种类较少、保障层次较低。作为一种"保基本"的险种,难以满足不同类型农户的具体需求,以及乡村产业发展的多样性需要。2022年的"一号文件"提出,"实现三大粮食作物完全成本保险和种植收入保险主产省产粮大县全覆盖;探索开展糖料蔗完全成本保险和种植收入保险;积极发展农业保险和再保险"。为了实现这一目标,在中央和地方政策性农业保险的基础上,商业型险种和创新型农业保险需要积极跟上,在保障内容和保障程度方面为农业保障提供有力支撑。具体而言,两类形式的保险格外需要重点发展:一是承保价格波动、防止"谷贱伤农"的农业收入保险、价格保险。对于分散化经营的农民、农户而言,这一类保险产品格外具有吸引力,也是最重要的一层收入保障。二是承保自然灾害的农业天气指数保险。这一险种依托于某一个(组)固定天气指数的变化,可以有效降低保险公司在承保环节和理赔环节的查勘成本,在技术上简易可行,适用于大规模地承保大片农户,从而实现规模效应。在实现乡村振兴的过程中,发展特色农业是主要渠道之一。如果能够通过农业收入保险和天气指数保险承保价格波动和自然灾害所造成的大部分风险,将有力助推农业经济的发展。商业型和创新型农业保险产品的灵活度更高,也有利于提高农业保险的有效保障程度。

在人身保障方面,需要有针对性地开发和推广普惠性的人身保险。在精准扶贫阶段,政策性的扶贫健康保险、意外保险发挥了兜底的重要作用。2021年,有部分地区针对临贫、易贫人群推出防贫保险,将符合条件的农村困难家庭纳入防贫预警监测,重点防止因病返贫。疾病是我国最常见的致贫原因——家庭成员的重大健康风险不仅影响个人的劳动能力,带来巨大甚至是长期的财务负担,同时也会减少家人和照护者的生产能力和工作机会,可能使家庭陷入持续性的贫困。因此,涵盖健康保障和意外伤残身故保障的普惠性人身保险是应该优先考虑发展的险种。

在融资增信方面,可以结合提高人身保障,进一步推动农民小额信贷保险的发展。农民小额信贷保险承保农民作为贷款人在贷款未清偿阶段遭遇意外或疾病,导致失去还款能力时的债务责任,保险赔款可以用于偿还贷款,减轻家庭的财务负担。由于农民在信贷过程中缺乏抵押物,小额信贷保险可以有效地降低贷款机构和贷款人的风险,实践中也易于实施,常常通过贷款机构代为销售和收取保费。从现有来自其他发展中国家的国际经验来看,针对低收入人群的小额信贷保险推广很快且运营较为稳健,是人身险中的优质险种。在乡村振兴的过程中,小额信贷保险可以增加农村个体贷款人的授信资质,预防和化解可能的人身和财务风险。

在提供保险服务方面,"三农"是一个较为特殊的承保对象。

我国历经了"三农"保险、小额保险和扶贫保险三个阶段。国际上,一般将针对低收入人群的商业保险产品称之为小额保险(microinsurance),对其提供一定的产业扶持和较为宽松的监管政策。以 2007 年原保监会加入国际保险监督官协会与国际贫困扶助协商组织共同成立的小额保险联合工作组为分水岭,我国开始探索以小额保险的形式撬动商业保险的力量共同为低收入人群提供保障。在这一阶段,原保监会于 2008 年 6 月出台了《农村小额人身保险试点方案》(保监发〔2008〕47 号),并在试点成熟的基础上,于 2012 年发布了《全面推广小额人身保险方案》(保监发〔2012〕53 号)。这一阶段主要调动保险公司进行各地试点,有针对性地开发普通定期寿险、意外伤害保险,以及医疗保险和疾病保险等小额人身保险产品,保险金额限定在 10 万元以内。2015 年以后,随着全面脱贫攻坚的时间线推进,针对低收入人群的保险主要以政府缴费、商业公司承保的扶贫保险为主要形式,小额保险日渐减少。扶贫保险针对建档立卡户提供一揽子的财产和人身保障,在攻坚阶段有力有效地提供了兜底保障。

随着脱贫攻坚圆满收官,扶贫保险也完成了其历史使命。虽然各地零星出台了新的防贫保险,提供防止返贫的兜底保障,但从整体布局而言,防贫保险只是阶段性的产物。笔者认为下一步针对农村地区完善保障,应大力发展普惠保险。它可以类似于普惠健康险,是单独的险种,也可以是针对农民开发的包含普惠型农业保险、人身保险和信贷保险的一揽子险种。

借鉴小额保险在国际的发展经验,普惠型险种需要可持续发展,才可能充分调动起保险机构的积极性,高质量地长线开发中低收入人群市场。南美地区小额保险之所以能够蓬勃可持续发展，主要是因为覆盖对象的扩大化。当地发展了特色化的大众保险（mass insurance），覆盖了中等收入人群和低收入人群，从而实现了产品推广和财务上的成功。而我国近几年现象级的普惠健康保，也是通过政府背书宣传、商业保险机构大规模承保中等收入和低收入人群而实现的多方共赢。普惠型农业保险在客观上具备和普惠健康保类似的多层次构建、商业机构运营的基础，具有广阔的市场潜力。在监管方面，需要对普惠型农业保险提供更多的政策支持，以吸引保险机构积极参与，实现社会效益和经济效益的平衡发展。

为数字化转型创造良好政策环境

锁凌燕

2022-03-11

2022年的《政府工作报告》把"促进数字经济发展"作为年度工作任务之一,提出要促进产业数字化转型,完善数字经济治理,释放数据要素潜力,更好赋能经济发展、丰富人民生活。2022年伊始,中国人民银行印发《金融科技发展规划(2022—2025年)》(银发〔2021〕335号),明确金融数字化转型的总体部署、发展目标、重点任务和实施保障,希望推动我国金融科技从"立柱架梁"全面迈入"积厚成势"新阶段。力争到2025年,整体水平与核心竞争力实现跨越式提升。随后,银保监会发布《关于银行业保险业数字化转型的指导意见》(银保监办发〔2022〕2号),提到"到2025年,银行业保险业数字化转型取得明显成效"。这些文件为保险业未来几年布局数字化转型提供了行动指南和政策指引,也反映了政府和监管机构对支持保险业数字化服务创新和竞争的坚定信心。

一、如何理解数字化转型

数字化在信息社会并不是什么新鲜的话题,但近几年推动数据化转型日益紧迫,主要原因是在新技术引领下数字浪潮的"冲击"和新冠肺炎疫情的催化。随着以大数据、云计算、人工智能、物联网等为代表的数字技术的发展,新型科技基础设施日益完善,消费者日益偏好于数字服务,推动数据成为生产所必需的、不可或缺的投入品,数字经济也展示出了巨大的价值创造潜力。审时度势、精心谋划、超前布局、力争主动、加快建设数字中国已经上升至国家战略层面,行业数字化转型势在必行。而2022年年初启动的"东数西算"工程将优化全国算力基础设施布局,为我国数字化转型及数字经济的发展提供重要的基础保障。对保险业这样一个典型的数据密集型行业来说,数字化已经成为其在技术和商业方面最具创新意义和战略意义的行动。

显然,数字化转型并不简单等同于经营活动向线上的"物理"搬迁,也不仅仅是IT(信息技术)的使用和IT部门的升级。它意味着行业经营模式会发生一些"化学变化",其业务活动、工作流程、员工能力等方面都会经历重新定义的过程。国际国内经验显示,数字化转型至少有以下这样几个要点或者说特点:一是价值导向。即要通过激活竞争、提高经营效率、促进包容性发展来改善消费者福利、创造价值增量,并不等同于对新技术的盲目追求或简单采用。二是数字驱动。抓住新一轮技术革命的契机,有效利用新技术推动商业创新,既要避免在未来的竞争中被弱化甚至被边缘化,也要力争在未来的竞争中占领"制高点"。三是开放融合。数字技术条件下,创新主体更多元化,也更需要进行知识分享和合作,这要求产品和服务创新更加灵活,促进开放、共享、共生的生态体系的形成,以及产业跨界融合和协同生产过程的出现,网络化、平台化成为重要趋势。四是转型过程。数字化转型本身是一场数字技术引领、数据要素支撑的创新活动,是一个终点未知、最佳实践未知的探索过程。由于技术的快速迭代,这也会是一个快节奏的过程,充满机遇与挑战。但也正是因为技术仍在发展,数字化将是一个过程性的工作,无法一蹴而就。

二、保险业数字化转型需要良好的监管指引

数字化作为保险业的一种趋势越发明确、价值创造能力越发彰显的时候,越需要良好的行业数字化转型规划和恰当的监管政策,以便形成科学有序的创新助推机制。出台前述的规划和指导意见可谓正当时。

一方面,数字化转型需要有确定的政策导向,以便为企业提供清晰的工作框架。数字化转型的益处毋庸置疑,但在发展过程中,可能出现数据滥用侵犯消费者权益、新技术大量使用导致监管难度加大、竞争秩序有待规范等各类问题。相关文件在鼓励和引导行业推进数字化转型过程中的战略规划与组织流程建设、完善数据治理体系、提升数据能力和科技能力的同时,敦促

行业全面提升网络安全、数据安全和风险管理水平,比较全面地回应了对数字化转型中行业"行为规范"的关切,客观上也有助于让消费者更有信心尝试新的服务。

另一方面,数字化转型也需要把控节奏,以便引导企业有序推进。我们的转型,不是为了数字化而数字化,更不是对"传统"业务流程和运营模式的全盘否定。鉴于转型的"过程性",在相当长的一段时间内,行业中"传统"的力量仍然会十分强大。行业转型指导意见提出,要加强数字化转型中的战略风险管理,确保数字化转型战略和实施进程与机构自身经营发展需要、技术实力、风险控制能力相匹配,从而推动"有序实践"。这提醒行业,不要急于实现数字化的壮丽前景而一味地大踏步前进,既要避免"安全但平庸",也要防范"出众却危险"。

三、未来还需更多政策合力

面向未来,要为保险业提供更好的政策环境,可能还需要更多在政策一贯性和整体性上加以考虑,以更好地支持保险业数字化的良性发展。

一方面,需要及时跟踪技术进步和行业生态变化,提高监管制度的一贯性和适应性。现代化监管的目标已经不仅仅是对不合理的行为进行管理和惩戒,还要更多发挥其"鞭策者"的作用,对合理的创新行为进行鼓励和推动。2020年7月,国家发展改革委等13个部门联合印发《关于支持新业态新模式健康发展激活消费市场带动扩大就业的意见》(发改高技〔2020〕1157号)提出,要健全触发式监管机制,这体现了国家对数字经济新业态新模式在合法性问题上的包容审慎态度。在保险业数字化转型过程中,监管机构应该在识别、防范风险的同时,更积极地为相关创新尝试留出空间。

另一方面,需要与其他相关监管方合作,加快数字化制度创新、提高监管政策的整体性。保险科技是一个复杂的、多层次的行业,其管理规范不仅涉及金融监管机构,也涉及主管技术标准、安全规范等的行政管理部门;行业在借助保险科技推进数字化转型的过程中,也不可避免会出现跨界交叉融合,甚至出现国际范围内的交叉融合行为。完善各部门的分工合作与协调配合机制,参与国际监管标准的讨论和制定,推动数字经济监管的开放性、透明性和法治水平提高,是助力数字化转型做强做优的题中应有之义。

区域协同发展与基本公共服务均等化

朱南军

2022-03-25

改革开放以来,我国经济迅速发展,经济总量的盘子越做越大,GDP总量已经超过100万亿元,改革开放成果凸显。但是,我国城乡差距、地区差距、行业差距等方面的问题还比较严峻,城乡之间、地区之间、行业之间的基本公共服务非均等现象也拉大了居民生活水平的差距。

基本公共服务是指建立在一定社会共识基础上,根据一国经济社会发展阶段和总体水平,为维持本国经济社会的稳定、基本的社会正义和凝聚力,保护个人最基本的生存权和发展权,为实现人的全面发展所需要的基本社会条件。基本公共服务主要包括基本民生性服务、公共事业性服务、公益基础性服务与公共安全性服务。基本公共服务均等化是确保我国公民共享改革发展成果、实现社会公平稳定的必经之路。

下面,本文以京津冀为例来观察基本公共服务非均等现象。过去,京津冀三地的资源差距明显。医疗资源上,河北高度落后于北京和天津,河北的医疗资源主要集中在基层医疗上,三甲医院比例小,难以满足居民大病就诊的需求;而北京和天津的医疗水平较高,承担了大量外地患者就诊的压力,日益成为"全国看病中心",但患者在办理异地医保结算的过程中受到较大阻碍。教育资源上,以2016年为例,天津小学生均教育经费支出是北京的59.51%,是河北的2.80倍;天津初中生均教育经费支出是北京的57.02%,是河北的3.20倍;天津高中生均教育经费支出是北京的55.72%,是河北的3.14倍。在相关的交通、社会保障等多方面,河北与天津、北京的差距也比较明显,如果不利用政策加以调整,北京的非首都职能将会进一步增多并强化,不利于首都职能的分散。在这样的差距背景下,不同地区的社会保障、基础设施建设、公共卫生体系、公共医疗设施等都将存在明显的差距,这一差距不仅将带来不同地区的社会福利分化,也会带来居民收入的分化,不断增大的差距将会影响社会发展的公平公正。

党和国家对区域发展失衡与基本公共服务均等化的问题高度重视。党的十九大报告指出要建立健全城乡融合发展体制机制和政策体系,加快推进农业农村现代化。2019年4月15日,中共中央、国务院在《关于建立健全城乡融合发展体制机制和政策体系的意见》中指出,要建立健全有利于城乡基本公共服务普惠共享的体制机制。2021年中央一号文件(《中共中央 国务院关于全面推进乡村振兴加快农业农村现代化的意见》)又进一步指出,"到2025年,农业农村现代化取得重要进展,农业基础设施现代化迈上新台阶,农村生活设施便利化初步实现,城乡基本公共服务均等化水平明显提高"。党的十九届五中全会则将基本公共服务实现均等化,城乡区域发展差距和居民生活水平差距显著缩小,作为2035年基本实现社会主义现代化的远景目标之一。2022年3月,李克强总理在作《政府工作报告》时也谈到"深入实施区域重大战略和区域协调发展战略。推进京津冀协同发展、长江经济带发展、粤港澳大湾区建设、长三角一体化发展……""推动义务教育优质均衡发展和城乡一体化,依据常住人口规模配置教育资源,保障适龄儿童就近入学,解决好进城务工人员子女就学问题"。解决这些问题都涉及实现区域协同发展过程中的基本公共服务均等化。

京津冀作为我国参与全球竞争、率先实现现代化过程中正在崛起的巨型都市圈,其内部的区域协同发展与基本公共服务均等化对全国都显得尤为重要。在提出基本公共服务均等化之后,京津冀在这方面的工作取得了一定的进步。截至2021年,京张高铁、京雄城际建成通车,三地城市交通实现一卡通行,京津冀"一小时交通圈"越画越大,人员往来越发便捷。北京、天津高水平中小学与河北开展跨区域合作办学,京津冀60家定点医疗机构实现跨省异地就医门诊费用直接结算,京津冀医疗机构临床检验结果互认项目达43个、互认医疗机构近500家。北京非首都功能疏解工作稳妥有序推进实施,疏解提升区域性批发市场和物流中心累计约1 000个,科技、信息、文化等领域"高精尖"产业发展有了更大空间。河北则在产业承接中形成了以智能装备制造、现代商贸为代表的一批新产业集群。天津立足制造业优势,加快建设了以滨海新区为代表的一批科技产业主题园区。截至2021年1月的数据显示,仅中关村企业在津冀两地设立的分支机构就超过9 100家,科技产业链加快形成。最近津冀两地还在探讨与研究社保与学籍互认,这些都为京津冀区域一体化与基本公共服务均等化工作奠定了良好的基础。

尽管如此,京津冀在区域一体化与基本公共服务均等化过程中仍面临很大障碍与挑战。尤其是受到疫情的考验,这种障碍与挑战被进一步放大,很多区域一体化与基本公共服务均等化的政策仍处于讨论中。我们要认识到基本公共服务均等化是国家一项艰巨的历史任务,具有长期性和差异性特征,需要尊重历史并统筹考虑城乡差别,同时政府的施政决心与问责机制也尤为重要。我们期待政府针对痛点,出台更为具体的区域协同发展与基本公共服务均等化政策并落在实处,让京津冀成为区域协同发展与基本公共服务均等化的全国表率。

劳动关系相关保单的法律思考

郑　伟

2022-04-22

哈佛大学迈克尔·桑德尔（Michael Sandel）教授在《金钱不能买什么：金钱与公正的正面交锋》一书中讨论了"普通员工保险"的问题。他讲了这么一件事：美国一家沃尔玛超市的助理经理赖斯某天在帮助一名顾客将电视机搬上她的轿车时，心脏病突发倒地不起，并于一周后身故。根据他的寿险保单，保险公司赔付了约30万美元，但这笔钱没有给他的妻子和两个孩子，而是给了沃尔玛，因为这张保单是沃尔玛以赖斯为被保险人投保并指定沃尔玛为受益人的。赖斯的遗孀得知此事后非常愤怒,她说他们对沃尔玛投保一事毫不知情,她认为沃尔玛从她丈夫的死亡中获益太不道德了。沃尔玛却认为,其在员工身上进行了相当大的投资,保险赔付是对沃尔玛培训赖斯以及现在重新雇人替换他的成本的一种补偿。

这个案例可以引申出许多值得讨论的法律问题。比如,雇主是否可以对雇员进行投保?如果可以投保,那么是否应在某些方面对保单作出限制性规定?中国相关法律对此如何规定?展望未来,法律规则是否存在优化的空间?

雇主是否可以对雇员进行投保,涉及保险利益的问题,即主要看雇主对雇员是否具有保险利益。寿险保单保险利益的判定核心在于投保人是否因被保险人生存而获益、因被保险人死亡而受损。在现实中,因为是否存在保险利益的判定情形十分复杂,所以通常采用"列举主义"的做法,即在法律中列举具有保险利益的若干情形。《中华人民共和国保险法》(以下简称《保险法》)即采用以"列举主义"为主,同时辅以"同意主义"的做法。《保险法》第三十一条规定,"投保人对下列人员具有保险利益:(一)本人;(二)配偶、子女、父母;(三)前项以外与投保人有抚养、赡养或者扶养关系的家庭其他成员、近亲属;(四)与投保人有劳动关系的劳动者。除前款规定外,被保险人同意投保人为其订立合同的,视为投保人对被保险人具有保险利益。订立合同时,投保人对被保险人不具有保险利益的,合同无效"。可见,因为雇主与雇员具有劳动关系,所以在我国,根据《保险法》,雇主是可以以雇员为被保险人进行投保的。

接下来,雇主为雇员投保的寿险保单,是否会在某些方面受限呢？根据《保险法》，它至少受到两个方面的限制。其一，因为"以死亡为给付保险金条件的合同，未经被保险人同意并认可保险金额的，合同无效"。所以，作为以死亡为给付保险金条件的合同，雇主为雇员投保的寿险保单，必须经雇员同意并认可保险金额，该保单才能生效。其二，因为"投保人指定受益人时须经被保险人同意"并且"投保人为与其有劳动关系的劳动者投保人身保险，不得指定被保险人及其近亲属以外的人为受益人"。因此，对于这种基于劳动关系、雇主为雇员投保的寿险保单，雇主不得指定自己作为受益人。

我国 1995 年时的《保险法》未对基于劳动关系的人身保险作出关于受益人的限制性规定。2009 年《保险法》修订后增加了"不得指定被保险人及其近亲属以外的人为受益人"这一规定，为什么作出这种限制性规定呢？最高人民法院保险法司法解释起草小组在谈到该法条的起草背景时指出："旧《保险法》施行过程中，逐渐暴露出一个问题，雇主以雇员为被保险人投保人身保险时，经常利用其与劳动者的不平等地位，迫使雇员做出同意雇主为受益人的意思表示，并且据此指定雇主为受益人。在保险合同成立之后，保险事故一旦发生，保险人因劳动者生命健康受到损害而给付的保险金却往往被雇主所获得，雇主将上述保险金或者只是其中的一部分作为雇主承担责任的资金给付劳动者，以此变相逃避雇主责任，甚至克扣保险金并因此获利。"可见，该法条的立法目的是限制雇主的操纵空间、保护雇员的利益。

回到沃尔玛与赖斯的案例，假设这件事发生在中国，那么这份保单能否成立并生效呢？首先，如果赖斯作为被保险人没有同意并认可保险金额，那么这份保单是无效的。其次，如果沃尔玛作为投保人指定受益人时未经作为被保险人的赖斯同意，那么这个受益人指定也是无效的。最后，即使赖斯对上述两点做出了同意的意思表示，沃尔玛也不能指定自己为受益人，因为这类"基于劳动关系的保单"，其受益人必须为"被保险人及其近亲属"。关于近亲属的范围，《中华人民共和国民法典》规定"配偶、父母、子女、兄弟姐妹、祖父母、外祖父母、孙子女、外孙子女为近亲属"，显然雇主不属于近亲属。因此，如果在中国，沃尔玛投保的这份保单是不能成立生效的。

再进一步，如果暂时撇开《保险法》的限制，仅从法理角度讨论，雇主是否一定不能投保以雇员为被保险人、以自己为受益人的寿险保单呢？假设某家小企业有几位"关键雇员"，这几位关键雇员分别掌握了几项事关企业发展的关键技术，这家企业已经为关键雇员提供了丰厚的薪酬和充足的保险保障（以雇员或其近亲属为受益人），在此基础上，企业从风险管理的角度出发，为了防范因为关键雇员身故可能导致的企业损失，提出为关键雇员投保并指定企业为受益人，这一诉求是否合理呢？如果关键雇员对此知情且同意，那么法律似乎没有理由去阻拦吧？国外保险市场上的"关键雇员保险"（key employee insurance）即属于此类保险，较为常见。因此，从这个意义上讲，未来我国《保险法》还有优化的空间，即对基于劳动关系的寿险保单，可以在符合一定条件（如已为雇员提供充足的保险保障、雇员知情且同意等）的前提下，允许雇主为关键雇员投保并以雇主作为受益人。这样，既可以保障雇员的权益，又可以满足雇主的合理诉求，两头兼顾，并行不悖。

对我国延迟退休政策的思考

谢志伟

2022-07-15

随着经济社会的发展和医疗技术的进步,我国正面临人均寿命延长且人口老龄化日趋严峻的社会现实,延迟退休问题也相应引起社会热议。关于我国退休年龄的政策文件最早可追溯至1951年颁布的《中华人民共和国劳动保险条例》,规定我国男性工人与职员的正常退休年龄为60岁,女性工人与职员的退休年龄则为50岁,这一退休年龄与我国当时人口情况较为符合。根据世界银行公布的数据,1960年我国人口出生时的预期寿命为33岁[①],低于法定退休年龄。而根据国家卫生健康委员会发布的《2021年我国卫生健康事业发展统计公报》,我国居民人均预期寿命在2021年达到78.2岁,相比1960年有了大幅提高,但法定退休年龄仍然保持不变。与此同时,2020年我国65周岁及以上人口占比为13.5%,人口老龄化程度进一步加深。因此从人口学角度看,延迟退休年龄似乎势在必行。

从发达国家的实践经验看,美国、德国、日本等发达国家均会根据人口发展趋势相应调整退休年龄。美国早在1983年就通过《社会保障法》修正案,规定正常退休年龄随着个人出生年份的增加从65岁逐步延长至67岁,最低退休年龄为62岁,最高退休年龄为70岁,在法定退休年龄前领取养老金则养老金待遇会相应缩减,反之则会相应增加。德国联邦议院和联邦参议院先后通过了自2012年起将退休年龄延长到67岁的法律,规定1964年后出生的劳动者其标准退休年龄从65岁逐渐延长至67岁,提前退休会导致部分养老金被扣除。日本2021年实施《改定高年龄者雇佣安定法》,允许65岁法定退休的人员自行选择是否继续工作五年,最高退休年龄相应从65岁延长至70岁,同时禁止企业对劳动者进行年龄歧视。不难看出,各国在延迟法定(正常)退休年龄的同时,也给予个人一定的选择自由,允许个人在法定退休年龄基础上弹性退休。

我国政府对延迟退休政策的重视和谨慎也在一系列政策文件中得到充分体现。党的十八届三中全会通过的《中共中央关

---

① 数据来源:世界银行 Data Bank,(https://data.worldbank.org.cn/indicator/SP.DYN.LE00.IN?end=2021&locations=CN&start=1960&view=chart),2022年5月30日读取。

于全面深化改革若干重大问题的决定》明确提出要"研究制定渐进式延迟退休年龄政策"之后,2019年中共中央、国务院印发《国家积极应对人口老龄化中长期规划》,对人口老龄化背景下的人力资源利用做了工作部署,要求进一步"改善人口老龄化背景下的劳动力有效供给"。2021年"十四五"规划中首次明确"按照小步调整、弹性实施、分类推进、统筹兼顾等原则,逐步延迟法定退休年龄"。

在此背景下,2022年也成为地方实施延迟退休政策的元年。江苏省人力资源和社会保障厅印发《江苏省企业职工基本养老保险实施办法》(苏人社规〔2022〕1号)中提到,"经本人申请、用人单位同意,报人力资源社会保障行政部门备案,参保人员可推迟退休,推迟退休的时间最短不少于一年"。此前山东省人力资源和社会保障厅印发《关于进一步规范企事业单位高级专家延长退休年龄有关问题的通知》(鲁人社字〔2019〕242号),其中提到,"经批准延退的高级专家,延退期限一般为一至三年。对于确需继续延退的,应按程序再次申报延退"。可以看出,两省的改革方案均偏向于弹性退休政策,即由个人自行决定是否延迟退休以及延迟退休的幅度。弹性退休相比于法定退休,给予个人一定的自主权,受到的社会阻力更小。但目前的实施方案并不等同于法定退休年龄的延长,仍然处于试点和起步阶段。

退休决策牵扯面太大,是政府如此谨慎对待延迟退休政策的关键原因。从养老金制度运行角度看,退休年龄关系到养老金的缴费和发放,直接决定了养老基金的积累盈余,延迟退休在短期内能够增加缴费,缓解养老金正常发放的压力。从劳动力供给角度看,延迟退休一方面增加了老年劳动力的供给,另一方面也可能在短期内导致某些行业腾退的岗位数量减少。从性别公平角度看,延迟退休对女性的影响更大,由于女性当前的退休年龄较低,退休年龄的可调整幅度相较于男性会更大。从生育决策角度看,退休年龄的变化会影响老年人提供隔代照料的能力,可能导致家庭生育决策发生改变。从公共财政角度看,延迟退休改变了政府的公共事业投入(例如增加就业补贴,降低养老金补贴),同时也影响了税收收入,进而会影响财政收支平衡。从代际福利角度看,延迟退休容易产生代际的福利不平等,相较中年人群,年轻人群的退休年龄可调整幅度更大,养老金缴费期限和领取期限也会相应变化,进而造成代际的福利不平等。

综上可知,延迟退休对居民、政府以及社会都会产生实际影响。未来在实施延迟法定退休年龄时,应当把握好以下几点:

首先,兼顾不同年龄层人群的差异。由于所处时代医疗技术的进步和生活品质的提升,较晚时代出生的个体的平均预期寿命要长于早期时代出生的个体平均寿命。若延迟退休年龄一刀切,会造成代际的不平等。因此,按照年龄实施渐进式的延迟退休政策更为合理,也更容易得到劳动者的认同。

其次,兼顾不同工作类型人群的差异。对于一些人力资本水平较高的工作岗位,年龄的增加意味着工作经验和知识积累的增加,在现行的法定退休年龄下劳动者仍然有一定精力参加工作,则延迟退休年龄受到的阻力较小;对于一些体力劳动占比高的工作岗位,由于工作强度大,老年人并不适合继续从事这些职业,此类工作岗位的劳动者参与延迟退休的意愿则较小。因此,按照工作类型实施精细化和差异化的延迟退休政策很有必要。

最后,兼顾社会保障各项政策同步推进。延迟退休年龄不仅关系到基本养老保险,也关系到医疗保险、失业保险以及就业政策。延迟退休政策需要各项社会保障政策的协同配合,如退休年龄涉及养老金领取规则的变化,同时也影响医疗保险和失业保险的缴费,以及针对大龄人员的就业帮扶培训。只有统筹考虑各项社会保障政策的调整,延迟退休方能平稳过渡。

国务院提交关于金融工作情况的报告，其中涉及保险业十二件大事

贾 若

2022-11-04

2022年10月28日，《国务院关于金融工作情况的报告》（以下简称《报告》）提请十三届全国人民代表大会常务委员会第三十七次会议审议。

《报告》提出要"坚定走好中国特色金融发展之路"，这条路的特点可以总结为以下五个方面：一是新时代金融工作的根本遵循是"习近平经济思想特别是习近平总书记关于金融工作的系列重要论述和指示批示精神"；二是金融工作

的价值取向是"以人民为中心";三是金融工作的根本要求是"服务实体经济";四是金融工作的永恒主题是"防控风险";五是金融工作要"坚持市场化法治化的改革开放方向"。《报告》得出了一个重要结论,即"党的十八大以来的金融工作有力促进了经济社会发展,为完成脱贫攻坚目标、全面建成小康社会、实现第一个百年奋斗目标作出了重要贡献"。

《报告》共提及"保险"一词16次(包含"车险"1次),可归纳总结为保险业发展现状、深化保险市场改革开放、保险业监管改革与制度建设,保险服务实体经济和发展第三支柱养老保险等5个方面,涉及12件大事。

涉及保险业发展现状方面的有三件事:一是中国保险市场规模居全球第二,根据郑伟等著的《中国保险业发展报告2022》,2021年,中国保险业实现原保险保费收入4.49万亿元,约占全球4.2万亿欧元保费收入的15%,仅次于美国保险市场。二是保险业金融机构总体稳健,截至2022年6月保险公司平均综合偿付能力充足率220.8%。2021年年末的行业平均综合偿付能力充足率为232.1%,偿二代二期改革对综合偿付能力充足率的影响总体平稳。三是中国平安保险集团和工商银行、农业银行、中国银行、建设银行四大行一起成为全球系统重要性金融机构。这一方面是中国保险机构综合实力提升的体现,另一方面也对平安集团提出了更高的资本和风险管理要求。

涉及深化保险市场改革开放方面的有三件事:一是取消保险业外资股比限制。作为中美第一阶段贸易协议中的承诺,2020年1月起,中国提前全面取消了合资寿险公司外资持股比例限制,外资持股比例均可达到100%,实现独资经营;此外设立外资保险公司也取消了在中国境内设立代表处连续 2 年和具备在 WTO 成员境内有超过 30 年经营历史的要求。二是强化保险保障功能。再次强调要继续落实保险业回归保障本源的要求,发挥其他金融工具所不具备的保障功能。三是深化车险综合改革。这是监管介入改善市场竞争环境、提升产品服务质量的重要实例,车险综合改革有效降低了费用率,让利于保险消费者,对保险公司特别是中小财险公司的经营管理提出了更高要求。

涉及保险业监管改革和制度建设方面的有三件事:一是自 2022 年第一季度开始,《保险公司偿付能力监管规则(Ⅱ)》(以下简称"规则Ⅱ")正式实施,从监管思路上看,规则Ⅱ着重加强了风险防控和服务实体经济的导向。经过多轮模拟测算,规则Ⅱ实施的短期内,大部分保险公司特别是中小保险公司会面临较大的偿付能力充足率压力。从长远来看,保险公司偿付能力充足率的区分度随着规则Ⅱ的实施将有所增加,也将进一步引导保险公司更审慎地进行资本规划和精细化管理,提高资本效率。二是加快修订《中华人民共和国保险法》。目前实施的保险法是 2009 年修订,2015 年第三次修正的版本,距今已经七年多。近年来,保险业改革发展和对外开放都取得了新的进展,保险业系统性风险、保险公司治理等内容受到更为广泛的关注。保险法修改在行业内、学术界和监管部门也有过很多讨论,此次提出加快修订保险法的目标,值得期待。三是 2022 年 1—9 月,银保监会加大监管执法力度,处罚银行保险机构数量增加。在金融严监管的政策背景下,提高保险业运营管理的合规水平,有助于建立更公平的市场竞争环境,从长远看,有利于保险业高质量发展。

涉及保险服务实体经济方面的有两件事：一是满足实体经济有效融资需求，要有效发挥保险资金优势。保险资金特别是寿险资金周期长，流动性需求相对较小，适合基础设施等中长期投资项目，这是保险资金的独特优势。在合理管控风险的前提下，鼓励保险资金投资于中长期项目，将有利于满足实体经济的融资需求。二是规则Ⅱ包含有鼓励保险公司支持实体经济发展的倾斜性政策，对政策性保险、科技保险、节能减排相关的金融产品给予了政策支持；对农业保险、出口信用保险等政策性保险业务设置了调控性特征因子，以降低其资本要求，从而鼓励保险业更好地支持农业和出口等实体经济部门。

涉及发展第三支柱养老保险方面的有一件事。《报告》在2022年金融工作主要进展及成效部分和下一步工作考虑部分，都提到了要促进第三支柱养老保险健康规范发展。具体的措施包括：批准国民养老保险公司开业，启动养老储蓄试点，专属商业养老保险试点区域扩大到全国，养老理财产品试点扩展至"十地十机构"等。第三支柱养老保险是多层次养老保障体系的重要组成部分，将成为满足个人和家庭更高水平、更高质量的养老保障需求的主要途径；未来可通过扩大第三支柱养老保险产品供给，提高第三支柱养老保险产品的流动性、可获利性，提高立法层次，形成稳定预期等举措，进一步推动第三支柱养老保险高质量发展。

推进代理人制度变革 助力保险业高质量发展

杜 霞

2022-11-23

保险代理人是保险业高速发展的重要基石,为我国保险市场拓展、业务增长以及保险理念培育等做出了重大贡献。但随着消费者保险需求日渐多样化和保险市场改革的不断深入,保险业需要实现高质量发展,从而对保险代理人也提出了更高的要求。笔者认为保险代理人制度变革的关键在于把控质和量,建立完善的培训体系,推动佣金和激励方式改革,进一步促进保险代理人的"人员提质"和"业务增效"。

根据《中华人民共和国保险法》第一百一十

七条,"保险代理人是根据保险人的委托,向保险人收取佣金,并在保险人授权的范围内代为办理保险业务的机构或者个人"。主要包括个人保险代理人、保险兼业代理机构以及保险专业代理机构。其中,个人保险代理人是指与保险人(即保险公司)签订委托代理合同,从事保险代理业务的人员。

自1992年友邦保险引入个人保险代理人制度以来,个人保险代理人队伍不断发展壮大,逐步成为人身保险公司保险营销的主力军。在保险业发展的初级阶段,消费者的保险意识普遍较为薄弱,很多人不了解保险的基本概念和功能。个人保险代理人行业以人海战术为基础,通过缘故拜访、转介绍等手段迅速打开市场,在提升保险产品营销价值的同时完成初步的保险理念培育,推动了我国保险业的起步和发展。

保险兼业代理机构是指利用自身主业与保险的相关便利性,依法兼营保险代理业务的企业,如银行、邮政网点等。兼业代理机构构建场景化的销售环境有效提升了消费者的需求,并利用已有的业务网络体系大幅降低了销售成本,是寿险营销的重要渠道。2020年,兼业代理机构保费收入占寿险总保费收入的份额为30.6%。

保险专业代理机构是指依法设立的专门从事保险代理业务的保险代理公司及其分支机构。尽管目前保险专业代理机构渠道的占比较小,但增长劲头强劲。成熟市场中的保险专业代理机构能够充分发挥第三方优势,综合各类产品信息,提供专业的产品服务,从而应对更为复杂的保险需求。随着未来我国保险市场的进一步成熟和细分,以及监管对行业的进一步规划和引导,保险专业代理机构将在"产销分离"的趋势下发挥更大的专业化作用。

在市场由粗放式扩张步入精细化耕耘的关键改革期,以层级管理为主要特征的传统代理人制度隐含的缺陷也逐步暴露出来,在一定程度上限制了保险业的发展。

首先,保险代理人增员受阻,人员流失严重。自2015年取消保险代理人资格考试后,保险代理人增员门槛大幅降低,代理人数量在短期内高速增长。然而,以保险代理人规模增长换保费收入增长的模式不具备可持续性。在"保险代理人红利"消失和新冠肺炎疫情反复的双重冲击下,传统代理人制度增员乏力,展业困难。此外,传统保险代理人制度的多重层级结构和不合理的佣金分配体系限制了收入下沉,导致底层保险代理人流失率较高。据统计,2020年年末保险公司代理制销售人员为842.8万人,而一年后,从业人员锐减至590.7万人。

其次,保险代理人专业水平不高。在以增员为导向的佣金收入体系中,保险公司更注重保险代理人迅速增长带来保费收入的短期增长,却无法把握对保险代理人系统化培训教育的长期价值。一方面,保险代理人往往通过"自保件"和"人情保单"拓展消费者,难以形成持久有效的保险需求;另一方面,保险代理人本身受教育程度较低,难以向消费者提供专业的服务和建议,造成了大量销售和退保纠纷。甚至存在部分保险代理人违规展业的现象,严重扰乱了行业秩序,破坏了行业形象。

最后,保险代理人专业素质提升缓慢,难以满足消费者多元化的保险需求。作为保险公司和消费者之间的重要桥梁,保险代理人应当具备专业的知识和服务意识,从而为消费者精准匹配多样化的保险产品,促进保险市场高质量发展。然而,由于传统保险代理人体制存在的激励导向错配、教育培训不足、人员流动性大等问题,保险代理人在产品服务方面成长缓慢,难以适应迅速成熟的市场。

在此背景之下,保险代理人"提质增效"成为监管的重点方向。2017年6月,原保监会发布《保险销售行为可回溯管理暂行办法》(保监发〔2017〕54号),要求在销售过程的关键环节以现场录音、录像的方式予以记录,进一步压实销售行为的主体责任,促进行业持续健康发展。2020年11月,银保监会发布《保险代理人监管规定》(中国银行保险监督管理委员会令2020年第11号),将不同类型的保险代理人纳入相对统一的框架之下进行规范调整,对保险代理人的专业能力、分类管理、展业规范等作出明确要求。2020年12月,银保监会发布《关于发展独立个人保险代理人有关事项的通知》(银保监办发〔2020〕118号),对独立个人保险代理人的学历作出明确规定,并要求严格以业务品质和服务质量作为佣金费用制定的标准,杜绝独立个人保险代理人层级利益。

总结起来,监管从以下几个方面推动保险代理人制度变革:第一,制度规范化。建立统一的保险代理人管理办法,并提出详尽、规范的经营原则和市场准入、退出机制,使得保险代理业务有章可遵,有迹可循。第二,体制创新化。鼓励传统保险代理人转型,推动销售从业人员销售能力资质分级管理,推进独立个人保险代理人等保险代理人模式创新,探索多样化的保险代理人体制。第三,激励体系优化。以保险业务发展为导向设置激励原则,充分引导保险代理人挖掘具有持续保险需求的客户,促进保险业高质量发展。

笔者认为,在保险市场逐步成熟的发展背景之下,短期增员抢占市场份额的销售模式已不能满足当前产品服务精细化的要求,对保险代理人的规范化管理有助于行业改革的稳步推进,服务于更加多元化复杂化的保险保障需求。因此,保险代理人管理应秉承长期主义,着眼于质与量的把控。一方面要全面提高保险代理人准入门槛,为保险代理人设定清晰的成长路径,建立全流程全方位的培养体系,提高保险代理人的专业水平和服务质量。另一方面也要积极推进佣金分配体系改革,设立以业务而非增员为导向的激励计划,合理控制保险代理人数量,清虚提质提高营销效率。

CCISSR 企业经营与市场环境

关于"隔离风险"的可保性分析

王瀚洋

2022-02-18

财产保险公司需要重新审视隔离风险的可保性,科学设计"隔离津贴险"产品,为消费者提供切实有效的风险保障。当然,消费者的正确预期也非常重要。消费者需要正视隔离风险的可保性,根据自身需要理性消费。

2022年2月,银保监会向各银保监局、各财产保险公司下发《关于规范"隔离"津贴保险业务经营有关问题的紧急通知》,要求保险公司严格理赔管理,高度重视客户服务工作,自行整改隔离津贴保险产品,并于2月底上报整改情况。监管机构为何紧急规范"隔离津贴险"相关业务？这与该产品在新冠肺炎疫情期间爆红却乱象丛生密不可分。

"隔离津贴险"其实是以意外险作为主险，并附加法定传染病隔离津贴的一种产品。以某公司一款产品为例，这款产品保费为59元/份，保障期一年，等待期两天，被保险人在保险期间因处于中高风险地区或成为密接人员而被强制隔离（集中隔离或居家隔离），可获得给付200元/天，最多给付40天。由于投保简易、保费便宜，加之社交媒体上铺天盖地的"隔离一天发200元"的宣传，"隔离津贴险"在各大出行平台、第三方网络销售平台上销售火爆，出现了60多款名称各异、实质相同的网红产品。

然而，与此同时，关于"隔离津贴险"的投诉也接踵而至。投诉的原因大多是"隔离津贴险"存在不实宣传、理赔困难的问题。具体来说，保险销售人员在销售时只强调产品保费低、理赔高，却淡化了理赔的免责条款。常见的免责情形包括次密接人员隔离（例如，不和确诊病例乘坐同一种交通工具）、非自费隔离、根据当地政府要求非中高风险地区人员的返乡、探亲人员的集中隔离等。

销售人员的虚假宣传、误导行为的确需要整治，但更关键的是"隔离津贴险"本身的产品设计。好的产品设计离不开对风险可保性的正确认识。财产保险公司需要重新审视隔离风险的可保性，科学设计"隔离津贴险"产品，为消费者提供切实有效的风险保障。当然，消费者的正确预期也非常重要。

根据保险学的基本原理，可保风险的理想条件应满足以下要求：经济上具有可行性，风险标的满足大量、独立和同分布的条件,损失的概率分布可以确定,损失可以确定和计量,损失的发生具有偶然性,特大灾难一般不会发生。按照这样的标准,我们来简要分析一下目前市场上销售的"隔离津贴险"的可保性。

第一,经济上具有可行性是指当损失发生的频率低、损失程度大时,投保人购买保险是经济的。隔离风险虽然发生的概率较低,但发生后给被保险人带来的损失会是不同的情况:如果隔离时被保险人正处于假期,那么,损失仅限于精神层面的不悦和失落;但如果隔离让被保险人损失了重要的业务,那么,面对这样的潜在损失,被保险人购买"隔离津贴险"在经济上就具有可行性。

第二,风险标的满足大量、独立和同分布,这三个条件缺一不可。虽然在疫情期间,隔离风险标的数量应当是满足"大量"这一条件的,但由于传染病自身的特点,隔离风险标的之间具有高度的相关性,这就是说,不满足"独立"的条件;而"同分布"条件则也很难满足,因为不同地区的隔离政策大相径庭,风险标的不太可能服从"同分布"的条件。

第三,损失的概率分布可以确定是指可以通过历史数据准确计算出概率分布,这个也是需要讨论的。当疫情刚开始时,由于缺乏隔离的数据,包括隔离发生的概率以及隔离带来的一般损失,保险公司很难从精算角度设计出"隔离津贴险"产品。而随着疫情的持续,凭借大量隔离风险的数据积累,此时保险公司可以在一个合理的精确度以内,设计"隔离津贴险"产品。

第四,损失可以确定和计量是指发生的损失必须在时间和地点上可以被确定,在数量上可以被计量。事实上,隔离风险很难满足这个条件。在现实中,隔离本身包含了多种复杂情形,隔离的损失也因人、因时、因地而异,很难从数量的角度计量。保险公司和被保险人事前很难通过合同明确损失发生的时间和地点,因此,保险公司只能通过较多武断的免责条款来防止逆向选择问题和道德风险问题,以此保障自身的利益,但这也正是"隔离津贴险"被广为诟病的根源。

第五,损失的发生具有偶然性是指被保险人对所投保的风险不能加以控制,也无法施加影响,即隔离损失发生是偶然的。隔离作为政府疫情防控的政策手段之一,个人很难对其施加影响。因此,隔离风险基本满足这个条件。即使考虑到可能的道德风险问题,保险公司还是可以通过责任范围的限定来应对被保险人行为对隔离损失的影响。

第六,特大灾难一般不会发生是指发生损失的标的占总承保标的比例不能过高,即特大灾难不会发生。对隔离风险自身来说,这个条件很难满足。当疫情肆虐时,比如在其刚开始的两个月,以及变种病毒出现时,需要隔离的标的较多,保险公司的理赔压力很大,尤其是在中高风险地区。当然,如果"隔离津贴险"的参保率较高,或者保险公司承保的区域足够广,则风险分散较充分,保险公司也可以承保隔离风险。

由此可见,从理论上来说,隔离风险的可保性并不高。因此,保险公司在推出"隔离津贴险"这类产品时,需要谨慎设置投保范围,仔细设置免责条款,并如实告知消费者。消费者则应该认识到隔离风险的可保性是有限的,细读条款要求以及理赔时限和条件,根据自身实际需求来购买"隔离津贴险"。

保险业数字化转型实现多方共赢

吴诚卓

2022-04-01

保险业数字化转型即采用数字化技术驱动保险公司业务模式或商业模式升级重塑,从而增强业务竞争力。数字化不仅能够辅助保险公司业务转型,还能够帮助保险客户、保险公司等多方利益主体实现共赢。

一、促进保险公司降本增效

成本方面,赔付成本、费用支出(包括销售费用、人员薪酬等)是影响保险公司承保利润的关键。分险种来看,传统寿险公司的业务拓展高度依赖数量庞大的保险代理人团队以及银行、邮政网点等中介渠道,呈现重人力驱动、强渠道依赖的特点,由此催生寿险公司人力成本高、渠道佣金高的痛点。财产保险公司方面,直销比例较低,而以银行、4S店等为代表的传统分销渠道占比仍然较高,因此手续费率高昂的情况同样存在。此外,由于财产保险收入结构较为单一,过度依赖车险业务,产品同质化下的激烈价格竞争也变相推升了经营成本。而数字化转型能够帮助保险公司改善劳动密集型与渠道依赖型业务模式下成本高昂的诸多痛点。费用支出方面,数字化转型能助力人员结构优化、业务自动化程度提升,有效减少人工依赖、降低人力成本;赔付成本方面,数字化辅助保险公司能利用高效连通的产业链上下游各环节数据,提升欺诈挖掘能力,强化核保理赔成本控制。以互联网起家、数字化进展较快的众安保险为例,2019年至2021年公司综合成本率分别为113.3%、102.5%以及99.6%,呈稳步下降趋势,体现出数字化的显著成效。

效率方面,保险公司经营效率并不突出,对标发达市场仍有较大的提升空间。寿险方面,传统寿险的保险代理人模式下覆盖客群与营销效率受限,叠加保险代理人从业门槛较低、从业者素质参差不齐的问题,最终导致业务效率不高。财产保险方面,财产保险核保等后续环节智能化程度仍然较低,当前核保核赔等环节仍需大量人工勘察审核,阻碍了业务的高效率经营。数字化转型则通过业务智能化改善保险公司经营效率。寿险经营方面,通过为保险代理人团队提供集培训、展业、团队管理等功能为一体的数字化工具进行赋能,提升保险代理人服务客户的专业能力和服务水平,进而逐步提升队伍人均产能。此外,数字化转型帮助实现客户画像描绘,使保险公司更具针对性精准营销成为可能,弥补了传统保险代理人模式下以熟人营销为主的效率受限问题。财产保险经营方面,数字化转型同样可以通过应用机器学习与图像识别等技术,对常规损失等实现实时线上自动智能定损,有效突破时间和空间限制,节约人力成本的同时也能提升业务经营效率。

二、更好满足客户需求

客户需求日益多样化与保险产品仍然同质化的内在矛盾不利于保险业的高质量发展。从需求端来看,保险客群年龄构成和需求已经发生明显变化。根据保险科技服务平台i云保与艾瑞咨询联合发布的《2021年中国保险用户需求新趋势洞察报告》,当前我国接近半数的商业保险客户是80后和90后。年轻一代保险意识和接受度普遍增强,已经逐渐成为消费保险产品的主力军,同时其保险认知和保险需求也呈现出新的特点。认知渠道方面,年轻客户对保险产品的了解日趋线上化、碎片化。同时,年轻客户对保险服务的要求日益提高且趋向多元化、精细化、个性化,期待更贴心的风险管理方案及配套服务。而从供给端来看,当前我国保险产品仍然具有高度同质化的特点。产品定价差距不大。责任范围方面也基本类似,重症病种保障基本在120种左右,而中症多集中在20种、轻症也多集中在40种。赔付比例与次数上,各家保险公司的产品也大同小异,反映出产品同质化现象依然普遍。

数字化转型能够提升产品研发效率、差异化产品设计、丰富产品矩阵,从而更好地满足客户的实际需求乃至主动挖掘其潜在需求。数字化信息系统的引入将缩短产品研发与更新迭代周期,改变既往保险公司仓促推出同质化产品"抢占山头"的固有局面。此外,差异化产品设计的基础是拥有丰富多样的数据,而数字化为此创造了条件。通过移动设备、物联网设备等多类终端的数据采集及大数据与人工智能技术的应用实现客户需求深度剖析,保险公司更容易打造契合客户核心诉求的产品,甚至实现客户自主对保险责任进行搭配组合的个性化配置,以及结合个性化客户数据进行产品的动态定价与差异化定价。与此同时,对采集数据的深度分析也帮助保险公司进一步挖掘客户潜在需求,有针对性地创造新的保险产品、丰富现有产品矩阵。例如,碎屏险、运费险等近年来新设的保险产品已为诸多客户提供了便利。最后,保险业数字化转型还将打破既往线下营业网点的渠道触达限制。保险服务网络通过数字化、线上化遍及全国各个角落,使边远地区客户也能享受到更便捷高效的保险服务。

三、推动保险生态建设

保险业数字化转型通过数据联通、业务连接等方式,有效整合医疗健康、交通出行等上下游领域,使构建保险生态圈成为可能。

以医疗健康领域为例,当前医院与保险公司的数据仍然各为孤岛,未来伴随医疗信息化与保险业数字化转型协同并进,行业将可能通过监管牵头、内部合作等方式来推进医疗健康数据互通互联。数据联通有助于构筑"保险+医疗生态"、推动保险与医疗产业融合发展。在"保险+医疗生态"下,保险公司能够为客户提供全流程式的健康管理服务,包括前期疾病预防与健康提醒、中期问诊用药与医疗报销提效以及后期客户康复跟踪，使客户获得更高效便捷的医疗健康服务、防范降低健康风险。此外，在交通出行领域，数字化转型同样发挥着正向联结作用。例如，保险数字化转型协同汽车智能化浪潮发展，通过收集驾驶员的驾驶习惯、行驶里程等全方位数据，能够为客户提供公平精准定价的UBI车险（基于车主驾驶行为数据的差异化车险）服务。UBI车险产品设计下，客户能够通过自身安全驾驶行为获得保费折扣，对驾驶员安全出行具有正向激励作用；客户安全驾驶也对减少保险理赔、降低综合成本具有正向推动作用。

四、支持数字经济发展

发展数字经济是我国把握新一轮科技革命和产业革命新机遇的战略选择。根据"十四五"规划制定的目标，到2025年我国数字经济将迈向全面扩展期，数字经济核心产业增加值占GDP的比重将达到10%，国家数字化创新引领经济发展的能力大幅提升，数字技术与实体经济融合取得显著成效。而加快推进传统产业升级正是推进数字经济建设的重要抓手。

保险业作为拥有万亿庞大市场规模的国民经济重点行业，其数字化转型对推动国家数字经济体系建设、实现国家"十四五"数字经济规划目标以及建设国家现代化经济体系具有极其重要的推动作用。

营业中断险的困境与思考

王瀚洋

2022-05-06

2022年3月至今,上海市正经历着一轮较严重的新冠肺炎疫情。除了突出的公共健康危机,由于产业链上很多重要企业的总部或工厂坐落于上海市,本轮疫情也造成了较大的经济损失。根据国家统计局4月18日发布的数据,3月规模以上工业增加值同比实际增长5%,较1月和2月累计增速回落2.5个百分点。

为了发挥金融机构的风险保障功能、分担停工停产带来的巨大损失,上海市人民政府办公厅于3月印发了《上海市全力抗疫情助企业促发展的若干政策措施》(沪府办规〔2022〕5号),其中,关于"扩大因疫情导致营业中断险等风险保障的覆盖面"的要求,让营业中断险再次回到公众的视野。

一、占比低、补偿少

营业中断险是企业财产保险的一个附加险种,扩展承保企业因保险事故发生所导致的利润减少等间接损失。疫情暴发以来,在政府和保险公司的共同推动下,各种覆盖疫情相关损失的营业中断险产品陆续上线,保障企业按政府要求停工停产或按政府要求进行隔离造成企业人员工资、隔离费用、产品毛利润损失的赔偿。然而,营业中断险仍然存在市场规模小、投保率低的问题。根据能找到的银保监会统计数据,2021年1—11月,企业财产保险实现原保险保费收入494亿元,占财产保险公司原保险保费收入的3.97%,相比疫情前2019年1—11月占比3.75%并没有显著变化,而在这当中"营业中断险"的占比更是微不足道。

疫情暴发至今已近三年,绝大多数服务业企业仍然没有购买营业中断险,究其原因,笔者认为有以下几点:一是就单个企业而言,保费相对较高,即使考虑到政府的保费补贴,目前营业中断险的保费仍然高于企业的支付意愿;二是目前营业中断险对疫情造成的损失,补偿金额大多按固定津贴形式,尚未与企业实际损失挂钩。比如,一款针对中小企业的营业中断险规定,投保企业若在复工期间出现因店主或员工确诊而被政府要求暂停营业的情况,则可获得最高每天3000元、最长15天的营业中断保障金。而这样的赔偿期限和赔偿金额,显然无法为复工的企业提供充足的保障。

二、改进措施

面对这样的困境,笔者有以下三个方面的思考和建议:

第一,相较于一般的导致营业中断的意外事件,如火灾、洪水等,疫情表现出较高的跨期相关性和较长的持续时间。具体来说,疫情当月造成的损失与下个月的损失高度正相关,持续时间从数月到数年不等。而目前营业中断险合同以一年期为主,这既不符合损失的跨时间分布,又不符合投保人的实际需求。因此,保险公司应该考虑疫情下营业中断损失的特点,重新设计相关的产品,跳出传统营业中断险的思维模式,实现损失的跨期分担,设定更合理的保费。

第二,为了防控疫情,目前的封控政策经常以街道、县区甚至整个城市为单位,而通常来说,营业中断险产品只覆盖一个特定的县区或城市。一旦实施区域内封控,就会出现大量投保人同时索赔的情况,这无疑极大地挑战了保险公司的偿付能力,自然也抑制了很多保险公司承保的动力。为了最大限度地发挥跨区域分散风险的优势,有学者提出,全国性行业协会应该踊跃投保,"以整带零"地将协会成员纳入营业中断保险的保障范围,这样既可以降低保险公司的展业成本,又能更大程度地实现风险分担,降低个体的保险成本,保障营业中断险业务线的偿付能力。考虑到目前封控政策的特点,笔者非常赞同这种"以整带零,行业投保"的做法。

第三,从前两点可以看出,疫情是具有高度时间、空间相关性的巨灾风险。面对高度相关的风险,购买再保险进行损失分担是保险公司的常用手段,但目前成熟的营业中断险产品极其匮乏。从国际经验出发,政府应该补位,为疫情下的营业中断险业务提供再保险。以美国为例,2020年5月,20多位众议院议员建议财政部实施大流行病风险再保险计划,根据这个计划,私人保险公司和联邦政府共同赔付营业中断损失。私人保险公司可以自愿参与,参与者必须根据其营业中断险业务,明确责任范围内的公共健康危机,例如新冠肺炎疫情。当行业承保大流行病造成的营业中断损失超过2.5亿美元时,再保险计划即被触发,保险公司按上一年直接保费的5%支付自留额,政府的再保险计划将负责剩余的赔付,该计划的再保险总额为7 500亿美元。这个计划发挥了财政的优势,通过公私合作,有效地分担了营业中断险覆盖的巨大损失。

保险是市场经济条件下最为有效的风险管理手段之一。在疫情期间,营业中断险能有效减轻企业的经营负担,消除企业复工顾虑,保障企业经营的稳定性,是促进经济复苏、稳定人员就业的重要方式。面对当下的困境,政府和保险公司应该紧密合作,建立多层次的风险分担体系,转危为机,将疫情所带来的风险变成营业中断险业务发展的一个新的推力。

保险资金运用的历史回顾与未来展望

朱南军

2022-06-17

自1979年保险业复业以来,保险资金运用在经历四十多年发展后,由最初缺法无序到如今规范化发展,取得了一定成绩,有力促进了保险业乃至社会经济的发展。温故知新、继往开来。以下,笔者对保险资金运用的历史阶段进行简要梳理,并对当前阶段性进展及未来趋势进行探讨与展望。

一、历史回顾

回顾我国保险资金运用的历史,大致可以

分为以下几个阶段。

缺法无序阶段(1980年至1994年):保险业复业后第一部相关法律规章是1985年颁布的《保险企业管理暂行条例》(国发〔1985〕33号),其中主要包括保险企业的设立等内容,但并未涉及保险资金运用。因此这一发展阶段中保险资金运用未受限制,混乱无序是主基调,甚至出现了较大比例的不良资产。

监管萌芽阶段(1995年至2003年):1995年出台的《中华人民共和国保险法》结束了保险资金运用的无序状态,首次明确指出保险资金可用于银行存款、买卖政府债券、金融债券和国务院规定的其他资金运用形式,而出于安全性等考虑,加上资本市场早期保险公司的管理能力有限,股票等高风险类资产并未纳入。原保监会还成立了保险资金运用监管部,对保险资金运用的监管萌芽出现。

初成体系阶段(2004年至2012年):资金运用初成体系,逐步形成了包括资金运用形式、决策机制、风险控制及监督管理措施等内容的一整套较为完整的监管体系。而伴随监管体系初步完善、保险公司经营能力提升,投资渠道也在这一阶段有所拓展,股票、企业债等多种投资标的被陆续放开。

阵痛前行阶段(2013年至2016年):在以保险业"新国十条"[《国务院关于加快发展现代保险服务业的若干意见》(国发〔2014〕29号)]为首的规定陆续出台后,保险资金运用朝市场化迈进,投资渠道继续拓宽的同时还引入了行业外受托管理人,开放了保险资管机构受托资金来源,自此,保险资金开启与资本市场全面互通。与此同时,全面互通也让金融嵌套和跨监管套利苗头显现,暴露出保险资金运用的部分潜在监管漏洞。

监管完善阶段(2017年至今):原保监会开始对漏洞深刻反思,进行大刀阔斧的监管改革及乱象整治,保险资金运用监管开启新一轮改革完善。此阶段监管机构出台了数量最多的规章细则,逐步优化并建立起涵盖资产负债管理、大类资产比例、投资管理能力、品种投资规范、保险资管公司和产品监管等的较完善的监管体系,先进理念也在监管体系中展开应用。

二、阶段成果与未来展望

历经多阶段发展,我国保险资金运用及监管体系取得了一系列成就。立足当前阶段性成果展望未来,可以预见我国保险资金运用的投资渠道将更加多元、投资领域更贴近产业;配套监管也将进一步向市场化、定制化、系统化迈进。

(一)资金运用方面

首先,投资品种大幅拓展,可投资类型伴随金融市场发展、监管限制的逐步放开日渐丰富。20世纪90年代以前,银行是我国金融市场体系的主要构成,彼时保险资金也主要用于投资银行存款、同业拆借等。而后随着证券市场逐步试点,投资范围扩大至证券投资。整体来看,保险资金运用的可投资渠道稳步扩大,品类由最初的银行存款逐步丰富至当前的流动性资产、固收类资产、权益类资产、不动产类资产和其他金融资产五大类、数十个细分品类,境内至境外全覆盖。展望未来,考虑到满足不同保险资金委托主体的配置需求,如放开黄金等大宗商品投资,投资渠道有望继续丰富。

其次,投资结构中不同资产配置比例已较保险资金运用初期更加均衡,但仍有优化空间。截至2021年年末,保险资金运用结构方面,银行存款占比达9.11%、债券类占比为41.68%、股票和证券投资基金类占比为11.99%、另类投资占比达37.22%。可见我国仍有较大比例投资于存款,存在优化空间。结合中长期低利率趋势,预计未来投资于高收益非存款类资产动力仍有望提升。

最后,保险资金投资领域脱虚向实,更加产业化。期限长、规模大、来源稳定的保险资金是支持实体经济的重要力量。保险资金是国家基础设施等领域建设资金的重要提供者。截至2017年6月,保险资金通过各类方式投资实体经济超4万亿元。监管机构持续引导保险资金脱虚向实,截至2020年年末为实体经济提供融资支持已超过16万亿元,直接投资制造业、能源、科技及相关基础设施领域金额达4万亿元,表明保险资金在服务国家先进制造和战略性新兴产业发展方面作用日益突出。在监管机构持续鼓励和良性引导下,预计未来这一趋势仍将延续。

(二)配套监管方面

各类限制逐步适度放松,更加市场化。监管持续推进资金运用市场化改革,投资品类限制外的其他限制也呈放松趋势。首先,投资比例方面,多个品类的限制逐步放开。以权益类资产为例,1999年批准保险资金可间接入市规模为总资产的5%,而后放松至10%,再到2014年上限升至30%。2020年,银保监会针对偿付能力充足率业内领先的保险公司,又率先放松上限至45%,进一步释放市场活力。其他投资限制也有松绑。例如,股票投资方面,逐步放松ST(连续两年亏损,特别处理)股票、创业板股票投资限制以及开通港股通资格。债券投资方面,据银保监会发布的《关于调整保险资金投资债券信用评级要求等有关事项的通知》(银保监办发〔2021〕118号),投资债券评级约束也被首次全面放开。市场化改革背景下,预计未来各类限制仍将持续适度放松。

不同机构监管释放差异,更加定制化。针对各机构不同偿付能力等采取分类监管措施,监管差异性逐步释放。从2018年《保险资产负债管理监管规则(1—5号)》(保监发〔2018〕27号)根据管理能力和匹配状况将保险公司分级开始,后续新规持续落实分类监管。银保监会发布的《关于调整保险资金投资债券信用评级要求等有关事项的通知》(银保监办发〔2021〕118号)中,差异化监管理念亦充分体现。该通知先以综合偿付能力充足率对机构进行分类,而后贯彻差异化监管政策,进一步放松风险承担能力较强的保险公司可投资标的范围,继而帮助优秀机构在市场中获得更大自主权,改善市场投资者结构的同时还有助于激励相关机构改善偿付能力,一举多得。预计未来分类监管理念仍将深化、具体机制也将更加科学灵活。

监管体系日趋完善,更加系统化。保险资金运用监管已形成以《中华人民共和国保险法》为法律基础、各类规章及规范性文件为行政配套的监管体系。自1985年第一项针对保险领域的行政规章《保险企业管理暂行条例》(国发〔1985〕33号)公布起,保险资金运用监管的相关规章及规范性文件持续丰富,累计出台百余份,规章体系已大幅完善。内容方面,从《保险企业管理暂行条例》(国发〔1985〕33号)保险资金运用监管缺位至1995年《中华人民共和国保险法》首次涉及资金运用范围,再到如今逐步覆盖至偿付能力管理、大类资产比例、品种投资规范等监管细分领域,内容体系日益系统精密。

保险科技的价值

贾 若
2022-07-01

近年来,互联网、大数据、云计算、人工智能、区块链等技术加速创新,日益融入经济社会发展各领域全过程,数字经济发展速度之快、辐射范围之广、影响程度之深前所未有,正在成为重组全球要素资源、重塑全球经济结构、改变全球竞争格局的关键力量。充分发挥海量数据和丰富应用场景优势,促进数字技术与实体经济深度融合,赋能传统产业转型升级,催生新产业、新业态、新模式,不断做强做优做大中国数字经济是大势所趋。《中国互联网发展报告

(2021)》显示,数字经济在中国国内生产总值(GDP)中的份额不断上升。2020年,中国数字经济规模39.2万亿元,占GDP比重达38.6%,且保持9.7%的高位增长速度,成为稳定经济增长的关键动力。

保险科技(InsurTech)是数字经济在保险业的集中表现形式,是数字化重塑传统保险销售、风险评估、定价、理赔全流程价值链的关键力量,是保险业未来转型升级和高质量发展的重要引擎和动能。保险科技是保险服务领域由技术驱动的创新,为保险市场带来了新的商业模式、新的应用场景、新的业务流程和产品。保险科技为保险业带来了根本性的变革,重塑了行业价值链,是保险业高质量发展的必由之路。

近几年来,保险科技的快速发展催生了"保险科技市场",市场参与主体可大致分为传统保险公司和保险中介公司、互联网保险公司、保险科技创业公司以及保险科技业务上下游的关联公司。其中,新兴的中小微保险科技公司在各自专注的细分领域,充分发挥自身在数据、计算技术、流量资源等方面的比较优势,积极服务保险消费者和保险公司,为保险消费者和保险业创造了价值,也使独立的中小微保险科技公司成为保险科技市场和保险业发展的重要力量之一。

行业内一般将中国保险科技发展分为三个阶段:第一阶段为2009年至2014年的改造期,销售、投保承保、理赔和保全等保险业务在这一时期实现了线上办理,电子支付、电子签名和移动互联网等技术手段同时助力保险业线上系统的建设和完善,为保险科技发展奠定了基础。第二阶段为2015年至2017年的创新期,保险开始场景化,保险科技开始助力与流量入口结合,比如通过携程、淘宝和腾讯结合互联网的业务场景来进行保险的定制,形成退货运费险、账户安全险、航班延误险、酒店取消险等。第三阶段为2018年至今的爆发期,保险科技深度赋能保险业。人工智能、大数据、物联网、区块链、云计算、5G等新兴科技理念正加快渗透保险业务,升级并改造传统价值链,极大提高效率并降低成本,创造了保险业务焕然一新的商业形态。

现阶段,人工智能、大数据、云计算和区块链是保险科技领域最重要且应用最为广泛的前沿技术。这四项技术不仅深刻影响着保险行业,同时也是其他产业发展进步的主要引擎。

保险科技在保险全价值链发挥着重要作用,推动着保险业持续创造价值。具体来看,用户行为的数据体量爆发式增长和数据分析处理技术日趋成熟,将持续推动以精细化定价、快速上线和新型设计理念为特点的保险产品创新,以精准描绘用户画像、准确划分风险类别为特点的风控创新,以丰富营销渠道和线上营销队伍为特点的营销创新,以核保技术优化、理赔自动化、智能端口建设为特点的客户服务创新,以人工智能(AI)应用、团队思维转变的管理创新等。

保险科技在风控环节创造的直接价值可以具体体现为数据的价值和模型的价值。前者为用户肖像模拟提供依托,为发现用户风险和消费特征提供可能;后者能够从数据当中更有效地抓取信息,将使模拟结果更加可靠和便捷。保险科技强化了保险业的市场营销能力,体现在两个方面:第一,保险科技使得可承保群体范围扩大,在市场竞争的环境下拥有独特优势,提供新的销售增长点。传统的保险公司往往出于盈利的考虑,通过风险分类进行风险管理,选择低风险高价值的群体,而将那些最需要保险保护的高风险群体拒之门外。保险科技的出现,通过精准的定价,对个人的风险精确识别,使得保险公司得以对各类型群体承保,覆盖范围逐渐扩大,实现保险普惠。第二,保险科技使得营销手段更加丰富,让有意愿、有能力购买保险的人接触到更多购买渠道,获得更好的购买体验。在特定的营销环境下,消费者不同的行为往往是理性判断、社会文化、性格心理等多种因素的叠加,其背后思考的逻辑方式和决策体系可能与传统的经济学理论产生一定背离。保险科技可以搜集和分析与消费者行为相关的数据,深入挖掘消费者行为背后的潜在需求,为营销策略提供有效指导。

保险公司绩效评价新规的亮点与影响

郑 伟

2022-07-22

2022年,财政部印发《商业保险公司绩效评价办法》(财金〔2022〕72号),旨在进一步完善商业保险公司特别是国有商业保险公司的绩效评价体系,引导商业保险公司高质量发展。

从历史沿革看,涉及商业保险公司绩效评价的办法,先后有四个版本:一是2009年的《金融类国有及国有控股企业绩效评价暂行办法》(财金〔2009〕3号),二是2011年的《金融企业绩效评价办法》(财金〔2011〕50号),三是2016年的《金融企业绩效评价办法》(财金〔2016〕35

号),四是本次发布的《商业保险公司绩效评价办法》(财金〔2022〕72号)。其中,前三个评价办法(以下简称"原评价办法")是金融企业绩效评价,虽然在进行绩效评价时也将评价对象划分为银行业、保险业、证券业和其他金融业四大类金融企业,但针对性不够强,而此次《商业保险公司绩效评价办法》(以下简称"新评价办法")是专门为商业保险公司量身定制的。

从评价内容看,原评价办法的评价维度主要包括盈利能力、经营增长、资产质量、偿付能力等四个方面;新评价办法的评价维度调整为新的四个方面:服务国家发展目标和实体经济、发展质量、风险防控、经营效益。对比可知,新评价办法的亮点主要表现在以下三个方面。

第一,增加了新的评价维度。新评价办法将"服务国家发展目标和实体经济"新增为四大评价维度之一,并且新的四大评价维度可以概括为发展为了什么、发展质量高不高、风险是否可控、经营效益好不好等方面,较为全面地刻画了保险公司的综合绩效状况。

第二,重构了评价指标体系。在新评价办法中,"发展质量"维度评价更加突出高质量发展理念,引入经济增加值率、综合费用利润率、人工成本利润率、人均净利润、人均上缴利税等指标,引导保险公司加快转变发展理念和发展方式;"风险防控"维度评价包含偿付能力、资产负债管理、流动性等多个子维度,能更加全面地反映保险公司的风险防控水平。

第三,具体评价指标更加贴合保险业实际。原评价办法的指标较少体现保险业特色,13个评价指标中仅有2个体现了保险行业特色(即综合偿付能力充足率、核心偿付能力充足率),而新评价办法的指标较多体现了保险行业特色。比如,在"服务国家发展目标和实体经济"评价维度,具体设置了社会保障类保险、农业保险、绿色保险、战略性新兴产业保险等特色考核指标;又如,在"风险防控"评价维度,除了原有的综合偿付能力充足率,还设置了保险公司偿付能力风险管理能力评估(SARMRA)得分、保险公司风险综合评级、保险资产负债管理量化评估得分、综合赔付率等保险行业专属指标,能更加准确地反映保险公司在相关维度的绩效状况。

此外,新评价办法完善了关于评价数据的规定。一方面,对评价数据提出了明确的审计要求,强调"真实性"。比如,绩效评价工作以独立审计机构按照中国审计准则审计后的财务会计报告为基础,绩效评价财务数据应当由负责商业保险公司年度财务会计报告审计的独立审计机构进行复核并单独出具审计报告,绩效评价业务数据应当由负责商业保险公司年度财务会计报告审计的独立审计机构进行复核并出具执行商定程序报告。另一方面,允许保险公司就客观事项对评价数据申请调整,强调"合理性"。比如,在评价期间损益中消化处理以前年度资产或业务损失的,可把损失金额在当年利润中加回;因承担经国务院批准的政策性业务或落实国务院批准的调控要求导致当年利润或资产减少且减少比例超过1%(含)的,可把减少金额在当年利润或资产中加回等。应当说,允许就客观事项申请调整,是一种实事求是的绩效评价态度。

关于绩效评价结果的运用,新评价办法明确,"商业保险公司绩效评价结果是商业保险公司整体运行综合评价的客观反映,应当作为商业保险公司改善经营管理和负责人综合考核评价的重要依据,是确定商业保险公司负责人薪酬和商业保险公司工资总额的主要依据"。由此我们可以预期,新评价办法将对商业保险公司发展产生较为深远的影响。

对于国有商业保险公司,新评价办法具有直接的"指挥棒"的作用。新评价办法将推动其更加有效地响应国家宏观政策,更好地服务实体经济,更好地防控金融风险、提高发展质量、提高运营效率。需要说明的是,这里的国有商业保险公司,不仅包括国有独资及国有控股商业保险公司,而且包括由国有独资及国有控股金融企业实质性管理的商业保险公司,因此其涉及面较广。

对于其他商业保险公司,新评价办法具有间接的"风向标"的作用。虽然不要求其他商业保险公司强制执行新评价办法,而是"可参照执行",但由于国有商业保险公司作为我国保险市场的重要主体,其发展理念和发展方式对其他商业保险公司具有很强的辐射效应,因此可以预测,新评价办法对国内保险业发展的导向作用将在未来几年逐步显现。

未来,在新评价办法的大背景下,保险业和保险公司至少应当做好以下几个方面的工作:一是将保险业发展融入国家发展大局,深刻理解"保险姓保"的战略意义,发挥好风险保障、资金融通等重要功能,主动对接服务社会民生、乡村振兴、生态文明、战略性新兴产业和实体经济,在服务国家发展大局中实现保险业和保险公司的长期健康发展。二是加快转变发展理念和发展方式,统筹保险公司的速度规模与发展质量、经营效益之间的关系,提升投入产出效率和价值创造能力。三是守住风险防控的底线,确保保险公司在偿付能力、保险资产负债管理、流动性、资产质量等方面处于较高水平。

大数据助力精准营销

张 畅
2022-08-05

　　大数据刻画保险消费者日常行为,可用于分析保险需求。传统的保险公司能够利用的数据仅仅包括投保人和被保险人的人口统计信息、医疗信息、损失历史等,大数据技术为保险业提供了新的数据类型。例如,通过物联网和一些可穿戴设备,保险科技公司可以获取驾驶行为、身体活动和医疗状况等信息;通过手机应用和在线媒体,保险科技公司可以收集生活习惯、在线购买行为,社交媒体活动等行为数据。大数据技术获取消费者信息后,进一步分析并判断,例如线上购买保险的客户,被大数据技术判断为"经常上网";在银行系统留下足迹的客户,被认为金融参与度高。这样,大数据技术通过获取、分析信息,了解客户群,有助于保险公司前期营销,按需提供产品和服务。

一、家庭结构的营销价值

大数据技术通过判断被保险人的家庭结构和子女年龄,分析家庭特征与保险需求之间的统计关系,从而精准营销。家庭是社会生活的基本单位,它一方面承担着未成年子女的抚养工作,另一方面还要赡养退休老人及没有工作能力的人。家庭中有劳动能力的成员越多且工作越稳定安全,家庭的经济来源越稳固,家庭对风险的抵抗能力也就越强。因此劳动年龄人口子女数量多、兄弟姐妹少的家庭保险需求更高,是重点的营销对象。此外,大数据技术分析显示,在有新生儿的家庭中,人们相比于家庭的主要劳动力,更可能优先给新出生的孩子买保险,因为这些孩子从未有过保险;而当孩子慢慢成长,根据生命周期理论,理性家庭会将保险配置给家庭的主要劳动力,以完善家庭的保障功能。因此,对于新生儿父母,销售的重点应放在刚出生的孩子身上。对于学龄孩子的家长,由于他们正处于事业的关键时期,也需要更多的钱来抚养孩子,这个时候应该将销售的重点放在家长身上。

二、个人特质的营销价值

手机应用的使用信息也暗示了保险营销价值。沉迷游戏和短视频的行为反映了个人风险喜好,以及自制力差、短视的特点,这类人群保险需求更低。沉迷手机娱乐的人(长时间使用手机或手机里游戏类软件数量多的人)每天生活在手机的"虚拟世界"里,沉浸在短暂的快乐里,没有长远规划,也就很难有保险需求。而且,这类人群保险意识较低,购买的保额也就更低。这类人群可能更倾向于购买短期保险,那么营销时可以推荐相对短期的保险并建立长期关系,在续保时给予一定的优惠。

网上购物信息及手机支付频率与个人电子设备使用的程度高度相关,也与线上保险营销相关。如果被保险人习惯于网上购物,经常使用手机,支付完全电子化,其更有可能在网上投保,因此这类人群更有营销价值。

三、投保行为的营销价值

大数据技术记录的投保人反复尝试不同产品组合的投保行为暗示着其更强的购买意愿和更高的保险需求。购买意愿即消费者愿意采取某种特定购买行为的概率高低。购买意愿与购买行为的关系也被大多数学者所肯定,他们普遍认为购买意愿能够用来预测消费者的购买行为。在真实的网上投保申请中,只要投保人勾选拟购买的产品并完成健康告知,不管是否支付,都会生成一次请求并被记录下来,因此存在投保人支付保单前不断更换保额的行为数据。大额的购买行为往往是谨慎的,尤其是长期险的购买是对未来至少五年的规划,更需要谨慎。因此,请求次数很好地揭示了投保人的购买意愿,更为频繁的尝试说明了投保人具有更高的购买意愿,那么也就可以继续为其推介更多产品。

大数据获取的近期有其他投保行为的个体投保需求更低,

保险经纪人的投保需求也更低。对于近期有保险购买行为的个体来说,已经拥有一定的保障,短时间内更可能只是再购买保额较低的补充保险。保险经纪人购买保险的保额也会比较低,因为作为从业者,他们自己和家人可能早已拥有充足的保险,无法产生更多的保险需求,购买意愿较低。对于这两类人群,营销价值较低。

除了以上几个因素,大数据技术还为我们提供了更多的消费者行为信息用于研究。在现实中的特定营销环境下,消费者不同的行为往往是理性判断、社会文化、性格心理等多种因素的叠加,大数据技术可以搜集和分析与消费者行为相关的数据,深入挖掘消费者行为背后的潜在需求,为营销策略提供有效指导。更进一步地,当客户需求和风险分析趋于完善,保险公司可以根据大数据对客户行为的判断向客户提供个性化配套措施,从而在激烈的市场化竞争中独占鳌头。

CCISSR 社会保障与保险

从统计数据看中国养老制度改革

陈 凯

2022-01-21

  2022年1月17日,国家统计局发布了2021年中国经济数据。在新冠肺炎疫情的影响下,中国的GDP仍然保持了较好的增长态势,经济水平保持持续恢复发展态势。然而,在人口结构方面的数据却给我们敲响了警钟:2021年中国全年出生人口1 062万人,人口出生率为7.52‰;死亡人口1 014万人,人口死亡率为7.18‰;人口自然增长率为0.34‰,人口净增长仅有48万。人口净增长这一数据创出近年来的新低。

改革开放以来,中国利用人口的优势,探索出一条具有中国特色的经济发展道路,使人口机会与经济社会政策完美匹配,成功收获了人口红利,也带来四十多年的经济快速增长。但近十几年来,随着生育率的下降,中国的人口红利逐渐消失。同时,医疗保障水平的提高使老龄化进程进一步加速,人口结构出现了较为明显的失衡,这一失衡在中国养老制度中的体现尤为明显。《2020年度人力资源和社会保障事业发展统计公报》的数据显示,2020年年末全国参加城镇职工基本养老保险人数为45 621万人,其中,参保职工32 859万人,参保离退休人员12 762万人,制度内抚养比为2.57。这意味着每2.57个参保人员的缴费就要支持一个退休人员的收入。而在未来的一段时间内,制度抚养比还会继续降低。这对养老保险基金的支付压力、可持续发展都带来了严峻的挑战。

在此趋势下,有些专家提出了不适当的建议,如将养老金和生育率挂钩或挪用养老金用于生育津贴等。笔者认为这些都是完全违背养老金制度本意的。养老金制度,尤其是基本养老保险应该是社会保险的核心,是维护社会稳定的重要工具之一。自1997年基本养老保险制度改革以来,中国已经基本完成了一个多层次的养老保障体系建设。但是,目前这个体系还存在着较多问题,尤其是不断加剧的老龄化和不断降低的生育率让这些问题变得尤为突出。

一是基本养老保险基金结余出现下滑。2021年人力资源和社会保障部公布的数据显示,2020年年末城镇职工基本养老保险基金累计结存48 317亿元。这一数字相比2019年下降了6 306亿元,下降比例约11.5%。按照这个速度下去,养老保险基金结余很快会被耗尽,给财政带来更大的压力。

二是企业年金覆盖面和覆盖程度严重不足。2020年年末全国有10.5万户企业建立企业年金,参加职工2717.5万人。对比全国上亿家的企业和城镇职工基本养老保险的45621万参保人群而言,这一覆盖比率实在太低了。同时,2020年年末企业年金积累基金22496.83亿元,人均不足10万元,保障程度也很难起到应有的作用。

三是个人养老金起步较晚。2018年,财政部、国家税务总局等五部门联合发布《关于开展个人税收递延型商业养老保险试点的通知》(财税〔2018〕22号)才正式开启了我国的个人养老金体系。2021年,中央全面深化改革委员会第二十三次会议审议通过《关于推动个人养老金发展的意见》,讨论多年的第三层次个人养老金才得以正式启动。

放眼全球,世界多数国家的养老保险制度都受到低生育率和人口年龄结构改变的影响。这些国家也都在根据其国情尝试调整养老保险制度,试图缓解老龄化所带来的养老困局。结合我国实际情况,笔者认为有三点改革要尽快抓紧启动。

一是调整基本养老保险的制度参量。我国基本养老保险制度中的很多参量都已经严重过时,不适应当前的经济环境和人口结构。例如法定退休年龄远远低于世界平均水平,个人账户的计发月数严重低估,实际缴费率低于制度缴费率,等等。这些因素都会造成基金的亏空,影响基本养老保险的可持续性。因此,现阶段亟待对这些参量进行调整,并在未来形成适当的调整机制,保证基本养老保险的健康发展。

二是加大企业年金的税收优惠力度。基本养老保险基金的可持续压力与日俱增。企业年金和职业年金作为第二层次的保障就显得更为重要。我国机关事业单位的职业年金虽然起步较晚,但发展势头较好。而企业年金近年来的发展速度则有所放缓。税收负担较重是造成很多企业不愿意设立企业年金的原因之一。适当增加企业年金的税收优惠可以有效提高企业开设企业年金的意愿。

三是积极推动个人养老金账户发展。由于我国个人养老金计划启动较晚,很多人对这一制度还不是很了解。因此,需要从制度设计、政策扶持和公共宣传三方面共同入手:采用有吸引力的制度设计,利用个人账户制度来增强个人养老金的便携性和可操作性,并实施市场化运营,提高收益水平;提供适当的政策支持,如财税优惠政策,为个人养老金的发展开辟一个快车道;加大对个人养老金制度的公共宣传,让大家了解其作用和优势,扩大覆盖面。这样才能发挥其补充养老的作用,真正完善我国的多层次养老保障体系。

2021年的统计数据再次给中国养老保险制度敲响了警钟。低生育率带来的后果可能不会马上显现,但其严重程度毋庸置疑。千万不要等到问题真正出现再去临时调整制度、进行改革,一定要提早入手,防患于未然。

提高养老保障参保动力

艾美彤

2022-04-19

自1993年党的十四届三中全会首次提出"建立多层次的社会保障制度,为城乡居民提供同我国国情相适应的社会保障"以来,中国社会保障的改革与发展取得了巨大的进步,逐步建立起了与市场经济和社会发展相适应的新型社会保障体系。截至2021年年末,全国参加基本养老保险人数102871万人,基本实现了制度的全覆盖。

城镇职工和城乡居民基本养老保险制度的建立,覆盖不同职业身份的群体,将更多居民纳入社会养老保险制度的保障中来,实现了制度的快速扩张,但多维度参保动力不足的问题仍然存在。对中国农村居民而言,在农村社会养老保险制度建立以前,其养老保障主要依靠家庭和土地。子女赡养和家庭承包经营土地的收入是农村老年人的主要经济来源。针对农村中无劳动能力、无生活来源、无法定赡养义务人或虽有法定赡养义务人但义务人无赡养能力的老年人,由国家或者集体承担"保吃、保穿、保医、保住、保葬"的救助责任。随着农村人口老龄化和青年人口城镇化,家庭和土地养老已不能适应农村经济社会的发展,相关救助制度难以广泛覆盖农村人口,与城镇养老保障形成鲜明落差。因此,国家从1986年"七五"计划开始,探索建立农村社会养老保险制度,历经了两个阶段。1991年,民政部门开始推广农村社会养老保险(以下简称"老农保"),但制度仅维系至1999年,劳动和社会保障部门接手,"老农保"进入清理整顿阶段,停止接受新业务。至2014年,新型农村社会养老保险(以下简称"新农保")和城镇居民社会养老保险合并为城乡居民基本养老保险,2020年城乡居民基本养老保险的人均年缴费仅402元,即使缴费满15年(最低缴费年限),累计也只有几千元,难以满足居民老年生活的基本收入需要,只能作为老年收入来源的补充。此外,也有很多城镇职工和企业选择以最低缴费年限参与基本养老保险,甚至少缴逃缴。职工和居民的基本养老保险两套制度并行,参保组织工作和保险基金由各省负责,制度的碎片化使得大量流动就业人口(比如农民工)面临在哪个地区参保、由哪项制度覆盖的制度选择问题。组织参保的较高复杂程度加上个人的短视问题,一些人尤其是年轻人难以充分意识到参加养老保险的必要性、急迫性,导致参保动力不足。

中国已经建立起了"三支柱"养老保障体系,但第一支柱"一支独大",第二、三支柱发展相对滞后。中国多层次养老保障体系的第一支柱是社会保险(职工基本养老保险和城乡居民基本养老保险),第二支柱是企业年金和职业年金(分别覆盖企业职工和机关事业单位职工),第三支柱是个人养老金(个人商业养老保险等)。第二支柱中,职业年金在国家财政的支持下很快实现了法定人群全覆盖,但主要由企业出资、基于自愿原则的企业年金发展缓慢,2015年到2019年企业年金的参保人数从约2316万增加到2548万。第三支柱个人养老金起步较晚。随着老龄化加剧,基本养老保险的替代率逐步下降,不能满足退休前后维持同等生活标准的需要。为了激励"第三支柱"商业养老保险的进一步发展,丰富我国养老保障体系,2014年原保监会发布《关于开展老年人住房反向抵押养老保险试点的指导意见》(保监发〔2014〕53号),2018年财政部、国家税务总局、人力资源和社会保障部、银保监会和证监会联合发布《关于开展个人税收递延型商业养老保险试点的通知》(财税〔2018〕22号)。同属于第三支柱的个人税收递延型商业养老保险和住房反向抵押养老保险的推行尚不尽如人意。

为进一步拓展养老保障覆盖的深度和广度,应注重建设人们对制度可持续性的信赖和对社会保险制度的依赖。人们对养老保障制度的认识和理解越合理,越会相信政策的合理性、有效性和可持续性,越愿意去了解和理解相关保险条款,越有可能参与到制度中来。

养老保障制度作为公共金融制度安排,其需求的提升同时受到保险制度、政府和家庭特征三方面的影响。在制度层面上，良好的制度设计是养老保险制度参与的基础，宏观制度环境是具体制度信任形成的最终决定因素。作为社会养老保险的实施主体，政府治理的改善，如更高的法治水平、更高的政府透明度和更高的公共服务水平，能够为人们提供更加稳定的心理预期，从而有助于提升家庭对制度承诺和契约执行的信心，进而促进养老保险参与。在合约执行层面上，对保险条款的理解，对信息和承诺的判断也会影响保险需求。以"新农保"为例，调查数据发现，关于"新农保"的政策和实施规则，作为供给方的政府和作为需求方的农村居民之间存在信息不对称，一些农村居民对"新农保"的筹资构成和缴费细则缺乏了解。因此，降低信息不对称和给予有效承诺也有助于提升养老保险需求。在家庭特征层面上，更高的受教育水平使得个人有更强的理解力，能够更好地了解金融制度和产品。而通过更紧密的社交互动带来的感受交流和信息获取，不仅有助于改善家庭对保险的主观态度，提高养老保险需求，更可以促进个人和家庭参与保险。

个人养老金制来了,保险业怎么办

锁凌燕

2022-04-29

2022年4月,国务院办公厅印发《关于推动个人养老金发展的意见》(国办发〔2022〕7号,以下简称《意见》),掀开了个人养老金时代的大幕。个人养老金制度作为完善民生保障的"市场解",着眼于满足群众多层次、多样化的需求,是中国构建多层次、多支柱养老保障体系的重要制度基础,对经济发展、社会稳定、民生改善等各方面具有重要意义。

《意见》在充分考虑中国国情的基础上,吸取了较为成熟的国际经验,提出的个人养老金制度建设要点可以概括为以下几个方面:第一,"个人补充",即个人养老金制度是自愿参加、个人承担缴费责任的补充性养老保障。《意见》把参加范围限定为在中国境内参加城镇职工基本养老保险或者城乡居民基本养老保险的劳动者,实际就是把参与第一支柱社会保险作为建立第三支柱个人养老金的前提,这也明确了个人养老金在制度安排中的补充地位。第二,"税优支持",《意见》虽然没有非常明确的模式描述,但因为明确参加人每年缴纳个人养老金的上限为12 000元,并指定人力资源和社会保障部、财政部根据经济社会发展水平与多层次、多支柱养老保险体系发展情况等因素适时调整缴费上限。可以合理期待,个人养老金的缴费和积累环节将享受所得税优待。第三,"一套账户",参加人要通过统一的个人养老金信息管理服务平台,建立一个本人唯一的个人养老金账户,用于管理信息;同时,开设对应的个人养老金资金账户(可以更换开户行),用以缴费、购买/转换养老金产品、归集收益等。账户资金封闭运行,市场化运作,实行完全积累制,其权益归参加人所有,除另有规定外不得提前支取,以激励个人进行长期储蓄。账户制也是国际上建设第三支柱养老保障的主流做法,个人可以在账户项下自主配置不同产品,资金、税收、产品等信息都能够在账户汇总,有效实现资金流和信息流合一,便利个人、监管者等各类主体了解制度运行整体情况、以数据为基础调整决策,效率优势非常突出。第四,"多种产品",个人养老金账户资金可以用于购买符合规定的银行理财、储蓄存款、商业养老保险、公募基金等多种产品,以满足参加者多元化的风险偏好,而"符合规定"主要指运作安全、成熟稳定、标的规范、侧重长期保值。这种设计给予了参加人充分的自主选择权，也激活了不同类型市场主体之间的竞争。

总体来看，《意见》框定了个人养老金制度的基本范式，但仍有一些细节问题待解。例如，具体采用何种税收优惠模式？税收优惠幅度如何"适时调整"？"符合规定"的产品如何界定？对个人账户资产配置有何监管要求？《意见》指出个人养老金制度会先选择部分城市先试行一年再逐步开展，这个过程将是这些执行层面的问题逐步得到细化、解答的过程，也将是保险业把握机遇、迎接挑战的过程。

机遇是不言自明的。《意见》的印发，本身就是第三支柱发展进入"快车道"的重要信号，会调动市场主体的积极性，进而达到唤醒公众意识、激发个人养老储备积极性的效果。特别是，考虑到伴随新经济的发展，非标准就业形态的重要性在持续提升，而且这些群体难以获得第二支柱的保障，个人账户为其提供了一个更适合的养老储蓄渠道，重要性可能还会不断提升。保险业作为"多种产品"的供给者之一，有望从中发掘发展空间。但同时，行业面临的挑战也是严峻的。

第一，第三支柱的发展本身并非"一路欢歌"。近十年来，全球自愿性第三支柱累积的养老资产在养老保障体系中的重要性并没有显著增加，在一些国家甚至还有下降的趋势。这一方面是因为，养老基金一般高度追求安全性，在低利率环境下，偏固定收益的资产配置在一定程度上降低了收益率预期，吸引力下降；另一方面，享受相应优惠需要满足一定的前置条件，导致参与成本高、民众认知不足。根据目前我国个人账户养老金的设计，税收优惠主要体现在个人所得税层面，要享受相应优待至少需要参加人理解四个核心设计要素：一是个人所得税政策与可享受税收优惠的额度,二是个人享受税收优惠的流程,三是资金积累过程中资金配置选择权与风险承担责任的归属,四是领取/继承的条件和模式。考虑到个人在风险偏好、金融知识水平、经济条件等方面存在广泛差异,制度覆盖范围的扩大还需以相应的投资者教育作为支撑,这也不是"一夕之功"。

第二,保险业需直面不同行业间的竞争。为了增加个人的选择集,政策允许银行、保险公司、基金公司等多种类型的主体参与产品的提供,涉及范围广、机构类型多,各种主体也各有其核心优势。根据目前的政策设计,银行会承担账户管理人的角色,颇具"地利",而公众对银行储蓄、银行理财等产品也有更为广泛的理解,接受度更高;公募基金一般被认为具有良好的资产管理能力,特别是行业研究能力和权益资产投资能力,养老目标基金自2018年8月上市以来,市场规模快速突破千亿元,佐证其也很受投资者青睐。与之对应,保险公司的比较优势则在于管理个人生命周期"尾部"的长寿风险,在退休期具有更明显的优势;而在积累期,如果保险公司不能展示出更出色的资产管理能力,就很难在竞争中胜出。事实上,个人养老金账户积累的是长期资金,对流动性的要求会相对较低,影响个人决策更关键的因素还是产品的保值增值能力。从个人账户发展比较成熟的美国的情况来看,个人往往会拥有数种养老资产,有接近70%的人会配置基金,有接近15%的人会配置存款,只有14%左右的个人配置年金保险产品。可以说,在养老的场合,只关注"保"的一面是远远不够的。

要在这样的形势下"突围",保险业及监管者可能需要认真研判两个发展思路:第一,全方位提升投资管理能力,以此为依托更积极地探索创新业务模式。例如,开发适应不同人生阶段风险偏好与承受能力的生命周期型产品,更好满足客户在资金积累期对收益率的期待。第二,积极开拓养老相关服务资源,打造"保险＋服务"的新型长寿风险管理模式,打造竞争优势。保险业延伸触角,通过战略合作、资本联合、直接投资等多种渠道,形成与养老健康服务供给者的互动、融合,不仅有利于实现范围经济、提升经营效率,而且有利于取得关联服务的定价话语权,帮助客户抵御养老服务价格上涨的风险,让未来更加可期。

长期护理保险制度设计中的三对关系

韩 笑

2022-05-13

随着中国老龄化程度的加深,老年群体的护理服务需求出现快速增长。国家卫健委的数据显示,2021年年末我国约有1.9亿老年人患有慢性病,失能失智人数高达0.45亿。面对巨大的失能照护需求,各级政府发布了一系列促进长期护理保险(以下简称"长护险")制度建立和发展的政策措施。在中央层面,2016年6月人力资源和社会保障部办公厅发布《关于开展长期护理保险制度试点的指导意见》(人社厅发〔2016〕80号),在全国15个城市开展长护险试点;2020年9月国家医保局、财政部发布《关于扩大长期护理保险制度试点的指导意见》(医保发〔2020〕37号),将试点城市扩展至49个。此外,《国家积极应对人口老龄化中长期规划》《国民经济和社会发展第十四个五年规划和二〇三五年远景目标纲要》及2022年《政府工作报告》均强调要稳步建立长期护理保险制度。在地方层面,广东省、海南省等地纷纷将"稳步建立长期护理保险制度"列入医疗保障事业发展"十四五"规划;《北京市政府工作报告》将"全面推行长期护理保险"列为2022年重要任务之一;重庆市、江苏省徐州市等地也明确于2022年将长护险试点扩大到全市范围,实现制度的全覆盖。

长护险制度的建立和完善是一项长期、艰巨的任务,不同试点城市的有益尝试为顶层设计的出台积累了宝贵经验。然而,在各试点城市进行制度探索的过程中,长护险政策标准不统一、体系不健全、制度碎片化等问题较为严重,在保障范围、领取标准、给付水平等核心问题上存在较大差异。纵观中国基本养老保险、基本医疗保险等制度的发展过程,可以发现任何一项社会保障制度的建立都不可能"毕其功于一役",均需要在总结已有经验的基础上不断创新解决重难点问题的方法,兼顾制度本身建立和发展的基本逻辑与中国目前所处的阶段和基本国情。从国际经验来看,一些发达国家在长期的探索过程中逐步形成了较为成熟的长护险制度,为中国长护险制度顶层设计的出台提供了借鉴。笔者在总结与中国制度模式相似的国家(如日本、韩国、德国)的社会长护险发展经验的基础上,提出了中国出台长护险制度顶层设计的过程中需要处理好的三对关系:

首先,应处理好"尽力而为"与"量力而行"的关系。数据显示,日本、韩国、德国在建立长护险制度(以下简称"建制")时均为高收入国家,制度实施初期都处于老龄化程度较重的阶段。我国第七次全国人口普查公报显示,截至2020年11月,中国65岁及以上老年人约占总人口的13.5%,低于日本建制时17.0%(2000年)和德国建制时15.5%(1995年)的老龄化水平,但高于2008年韩国建制时10.3%的老龄化水平,目前似乎仍处于较为"乐观"的状态。然而值得注意的是,2020年中国人均GDP约为7.2万元(按当年平均汇率约合1.05万美元),不足日本、韩国、德国建制时人均GDP的一半(日本约2.7万美元、韩国约3.0万美元、德国约2.4万美元,均已经过2020年购买力平价调整)。因此,与其他国家相比,中国面临较为严重的"未富先老""未备先老"问题。笔者认为,现阶段中国应坚持"尽力而为"与"量力而行"相结合的工作思路:一方面,在资金筹集过程中,充分考虑到中央及地方政府的预算约束,降低长护险制度对财政支持的依赖度,促进实行个人缴费地区的参保者做到应缴尽缴;另一方面,在待遇给付过程中,充分考虑到中国失能人口规模迅速扩大的国情,遵循"持之以恒、久久为功"的制度设计理念,在为失能群体提供适度保障的基础上逐步小幅进行待遇调整,将保障水平的提高建立在可持续的基础上。

其次,应处理好"普遍保障"与"重点关注"的关系。该关系的协调不仅体现在不同年龄、收入及健康水平的参保者之间,也体现在经济发展水平和老龄化程度相异的试点地区之间。例如,日本的长护险制度针对不同年龄、收入及失能程度的群体设计了差异化的保障范围、筹资标准、统筹层次及自付比例。在受益对象方面,对65岁及以上的群体,日本长护险制度规定所有需要长期护理的被保险人经审定后自动获得护理资格,最大限度地为老年群体提供全面的护理保障,而对40—64岁的群体,长护险的保障范围仅限患有16种特定老化伴随病(Age-related diseases)而处于护理状态的被保险人;在统筹层次方面,65岁及以上参保群体的缴费率与当地护理费用水平挂钩,不实行全国统筹,而40—64岁参保群体的缴费水平实行全国统筹。韩国的长护险覆盖范围也以65岁为临界点进行了类似区分。这样的制度设计体现了对年龄较大群体和收入较低地区的"重点关注"。相比之下,德国作为最早一批实施长护险制度的国家之一,其长护险制度坚持"为所有年龄群体提供普遍保障"的政策理念。目前,中国大部分试点城市将所有年龄段个体纳入覆盖范围,确保失能群体护理保障"应享尽享";少部分试点城市(如上海)仅覆盖了60岁及以上老年群体。考虑到中国独生子女家庭较多的特点,笔者认为应鼓励试点城市结合自身实际将护理资源向老龄群体(尤其是少子、失独老龄群体)及空巢家庭倾斜,并促进长护险制度与低收入地区健康扶贫政策进行有效衔接。

最后,应处理好"护理服务"与"失能预防"的关系。目前,中国的长护险试点大多仅向Barthel评分(评定日常生活能力的指标)小于40的重度失能群体提供待遇给付(只有部分试点城市将中度失能及失智群体纳入保障范围)。然而,许多发达国家的长护险制度为不同失能程度的参保者设计了差异化的服务项目,建立了"轻度失能—中度失能—重度失能"全周期失能预防与照护服务体系。例如,日本的长护险制度将待遇划分为七个等级,其中"预防性待遇"包含两个等级,主要面向失能程度较轻的个体开展预防和延缓失能失智的工作;对该群体的居家预防保健服务费用,长护险制度为其提供上限526—1 105美元/人/月的待遇给付。这一措施有效减慢了老年群体的失能进程,节省了规模可观的长护险基金支出。我国山东省青岛市和江苏省南通市已于2019年开始实施失能失智预防及延缓措施,内容包括宣传教育、技能培训及赋能训练等。这不仅有利于提高全体市民的健康风险意识和失能预防能力、节省政府和居民未来的护理费用支出,也能从提升居民健康水平的角度增加个体的福利水平。因此,长护险制度的设计应兼顾为轻中度失能群体提供预防服务和为重度失能群体提供护理服务两方面的内容。

人口老龄化是21世纪的"百年之虑"。"十四五"期间,中国长护险制度的顶层设计呼之欲出,老年护理问题的有效解决离不开顶层设计上的通盘考虑和多方协作。借鉴国际经验,在处理好上述三对关系的基础上,相信长期护理保险的"中国方案"将为老年群体织就牢固的护理保障网,助力积极老龄化国家战略的实施。

保险"防贫"实践:防止返贫险

刘佳程

2022-05-20

在2022年2月22日发布的指导"三农"(农业、农村、农民)工作的一号文件《中共中央国务院关于做好2022年全面推进乡村振兴重点工作的意见》中,中共中央明确指示,要坚决守住"不发生规模性返贫"底线。可见,在我国脱贫攻坚取得决定性胜利、现有标准下的贫困人口已被基本消除的"后脱贫时代",如何有效地防止返贫,巩固脱贫成果,衔接乡村振兴战略,已然成为"三农"工作的重中之重。

我国近1亿人口脱贫,832个贫困县全部

摘帽,是人类历史上前所未有的壮举。保险扶贫作为金融扶贫的重要组成部分和精准扶贫的政策工具,在防范和化解贫困人口风险方面发挥了不可替代的作用。可以肯定的是,保险也将在"后脱贫时代"持续发挥其在财产保障、人身保障、融资增信等多方面的独特功能,助力"三农"持续向好发展。防止返贫险(以下简称"防贫保")便是"后脱贫时代"保险产品发挥底线保障作用的典型代表之一。

"防贫保"是化解边缘脱贫人群返贫风险,支持脱贫地区县域产业发展的创新型金融工具。它的诞生得益于政策的高度重视与支持。在2021年2月25日全国脱贫攻坚总结表彰大会隆重举行后不久,4月,银保监会办公厅即下发《关于2021年银行业保险业高质量服务乡村振兴的通知》(银保监办发〔2021〕44号),提出"强化巩固拓展脱贫攻坚成果同乡村振兴有效衔接的金融支持""鼓励在脱贫地区探索发展防止返贫险"。同年,由中国人民银行、银保监会、证监会、财政部、农业农村部、乡村振兴局联合发布的《关于金融支持巩固拓展脱贫攻坚成果 全面推进乡村振兴的意见》(银发〔2021〕171号)中,也指出要"积极运用保险产品巩固脱贫成果,支持具备条件的地区开展商业防止返贫保险"。

"防贫保"的首次实践可追溯至2017年10月河北省邯郸市魏县县委县政府联合中国太平洋产险开创的商业保险。时值脱贫攻坚关键期,很多地方政府都面临着一边全力脱贫,一边有脱贫户返贫的沙漏式扶贫难题。在这一背景下,"防贫保"应运而生。县政府出资400万元作为保险基金,按每人每年50元筹资标准,为占全县农村人口10%的处于贫困边缘的农村低收入户和人均收入不高、不稳的脱贫户(以下简称"边缘脱贫人口")购买保险,保障此类边缘脱贫人口在因灾、因病、因学致贫或返贫时,能够得到保险赔付。"防贫保"有效减少了魏县边缘脱贫人口返贫的情况并被迅速推广至多地。

全面脱贫目标实现后,"防贫保"在其原有保障范围上不断拓展。在具体保障项目方面,"防贫保"将住房、饮水困难等基本生活问题纳入保障范围;在保障因病、因灾、因学等主要致贫诱因的基础上将意外事故、生产资料或产成品损失、住房毁损等致贫诱因纳入保障范围;在承诺赔付支出骤增型致贫事件(如因病、因灾致贫)的基础上,承诺将收入骤减型致贫事件(如保障易地扶贫搬迁中面临的被动就业中断导致收入下降)也纳入赔付范围。在受惠人口方面,"防贫保"覆盖人口与地域不断扩大:据不完全统计,截至 2021 年年末,仅中国太保产险承保的"防贫保"参保地区就遍布全国 31 个省、自治区、直辖市的千余县,累计提供"防贫保"风险保障超 22 万亿元,为近 40 万边缘脱贫户提供防贫救助金 12 亿元。

发展至今,"防贫保"在抗击贫困的持久战役中功不可没。但综合各地实践,笔者认为有关"防贫保"的运行模式和未来发展方向仍然存在以下三个方面重要问题值得深思:

第一,作为一种防止返贫的兜底保障,从整体战略布局而言,"防贫保"只是阶段性的产物。从整体战略角度来看,"防贫保"作为巩固脱贫成果、有效衔接乡村振兴战略的重要工具,其主要职能在于精准扶贫后期和乡村振兴战略前期。在"后脱贫时代",当边缘脱贫人口被逐步消灭时,"防贫保"的潜在受惠对象及参保人数也在逐步减少,其保障职能可以部分或全部转移为民政救助。从保费筹集模式来看,"防贫保"面临保费来源渠道单一造成长期不可持续的问题。据笔者了解,"防贫保"现有保费来源主要为地方政府财政支付,仅江苏等少部分地区在"防贫保"实践中拓展了保费筹集渠道,鼓励多方参与防贫基金筹建,部分地区也出现过因财政能力不足而无法投保的现象。

第二,受惠人口的界定问题。"防贫保"将保障对象定义为处于贫困边缘的农村低收入户,和人均收入不高、不稳的脱贫户等边缘脱贫人口,这就引出了对边缘脱贫人口的界定问题。各地普遍沿用与评定"建档立卡贫困户"高度相似的评定模式界定边缘脱贫人口。在实际操作中往往事先按照当地总人口的一定比例框定边缘脱贫人口,广泛考察实际收入、家庭住房、车辆、重大资产、家庭劳动力、经济负担等诸多指标,并定期动态调整边缘贫困人口名单。首先,严格的参保资格认定有利于社会公平正义,却牵涉较多资源,不利于制度长期、高效率运行。其次,对于边缘脱贫人口总数划定,各地普遍选择农村总人口的5%—10%作为"防贫保"参保总人数,存在一定主观性。最后,在准则具体制定方面,存在各地标准不一、缺乏实践经验和理论研究支撑的问题。以收入指标为例,多数地区直接采用收入贫困线1.5倍左右作为边缘脱贫人口的收入上限。

第三,慷慨的保障会带来潜在的道德风险等激励问题。研究表明,获得保险保障可能会降低被保险人进行事前灾害防治、降低风险事件发生概率的激励,也可能增大被保险人用于疾病治疗和灾害重建的花费金额,即道德风险问题。由此,国内外学界一直存有对贫困人口"过度保障问题"的争议——即对贫困人口(此处为边缘脱贫人口)的保护政策是否过度慷慨,催生了原本可以避免的社会损失,并使当事人产生了对扶贫体系和优惠政策的过分依赖。例如,承诺对干旱、冰雹等自然灾害造成生产物资损失的赔付,是否会降低被保险农户提前采取措施、预防或降低灾害损失的动机？承诺以市场价格为计损依据对生产产品损失的赔付,又是否会降低被保险农户妥善保管产成品的谨慎程度？

作为化解边缘脱贫人口返贫风险,支持脱贫地区县域产业发展的创新型金融工具,"防贫保"受到了政策的高度关注与支持。然而,我国仍处于"后脱贫时代"初期,保险的防贫应用尚处于初步探索阶段。"防贫保"需要明确自身过渡阶段定位,拓宽稳定的资金渠道,平衡商业性与政策性。在保障对象的界定方式上,可以适度简化评定流程,结合当地历史贫困成因、原贫困人数和深度,以及当地财政状况和社会资金的参与情况划定参保总人数、优化界定准则。在保障内容方面,应当谨慎延展保障内容,以防范当事人激励扭曲问题。

个人养老金制度的意义和展望

陈 凯

2022-05-27

2022年4月21日,《关于推动个人养老金发展的意见》(国办发〔2022〕7号,以下简称《意见》)正式对外发布,行业内期盼已久的个人养老金制度终于落地,被称为中国版"IRA"(individual retirement account,个人退休账户)。这个制度的落地意味着我国在多层次、多支柱养老保险体系建设上又前进了一步,有望真正意义上做实我国养老保险的第三支柱。此次《意见》的出台最核心的一点就是为投资者设计了个人养老账户。这是一个让每个参与者自己独享的专属个人养老账户,通过缴费积累、委托管理、自主投资的方式实行账户的完全积累制度。投资者不仅可以随时查询资产构成和资产余额,投资品种和投资份额也由投资者自行决定,可谓我国养老保险制度上的一次突破。

在过去一个月中,有很多关于个人养老金的讨论,尤其是对制度本身的讨论热度一直居高不下。那么,对个人来说,个人养老金制度会产生什么影响呢?养老金本质上是将在职期间的收入提前储蓄,等退休后收入下降,再利用提前储蓄的资金支持未来消费。而单纯看储蓄率这一指标,我国一直处于世界前列。虽然这一点被经济学家所诟病,但高储蓄率帮助中国多次从金融危机中快速恢复,可以让居民和国家相对轻松地抵御潜在的风险。同时,高储蓄率意味着国家有足够高的生产力水平,能够让居民有很多的剩余价值来积累财富。那么,明明我国居民已经有很好的储蓄意识,为什么还需要鼓励大家存钱到个人养老金账户里呢?这是因为社会发展仅靠储蓄并不够,国家实体经济的发展还需要适当的投资,有投资就能保证就业人数,保证市场有足够多的消费者,有消费就能进一步发展经济,进入良性循环。而大部分居民受限于资金量较小,很多理想的投资无法参与,作为散户投资股市又缺乏专业能力。因此,个人养老金制度实际上是为居民提供一个将个人储蓄转为投资的渠道,将一笔笔小资金汇集到一起,交给专业机构进行投资。个人不仅会拥有更丰富的投资机会,也可以通过规模效应获得更高的投资收益。再加上税收优惠制度,居民可以用税前收入进行投资,从税收上降低了投资成本,进一步提高实际收益水平。这将会是个人养老金制度对居民投资的最大吸引力。随着我国未来人口老龄化问题的进一步加剧，个人养老金一定会成为大家的最佳选择。

当然，《意见》目前来看还存在很多细节问题尚未落实，未来能否真正发挥第三层次个人养老金的养老保障作用主要取决于三点：第一，税收配套制度。税收激励制度一直是世界各国养老保险体系中非常重要的刺激手段。通过一定程度的税收优惠或免除，可以鼓励个人进行个人养老金的购买。此次《意见》中也提出了将要对个人养老账户采取税收优惠政策，但尚未披露细节。近年来，我国税收体系逐渐完善，各种税收抵扣政策先后出台，个人养老金的缴费也有望纳入税收减免的体系中。未来个人养老金在缴费、投资、领取等不同阶段的税收政策制定方式也将会决定其保障作用。第二，投资模式和投资收益。个人养老金的主要目的是为个人提供退休后的补充收入，因此机构的投资管理能力将会影响个人投资的热情。作为一个长期投资产品，个人养老金的投资模式需要和一些短期的金融理财型产品区别开。通过专业的投资机构，将个人投资者的小资金汇集到一起，做大规模，拉长投资期限，平滑投资收益。同时，采用诸如变额年金、养老目标基金等金融工具来丰富个人养老账户的投资渠道，利用专业能力来提高个人养老账户的期望收益，增加其对个人投资者的吸引力。第三，投资者教育。虽然个人养老金对于行业来说是一个盼望已久的政策，但对于大多数普通投资者而言，还是一个十分新鲜的概念。同时，个人养老金涉及税收、投资、养老和保险等多方面的内容，投资期限又比较长，一般的投资者很难搞清楚其中的所有细节。因此，务必要加强对投资者的教育，通过不同形式、不同渠道的宣传告知个人投资者，并解答相关问题。以美国为例，不仅仅是金融机构，很多超市和商场也都有关于个人退休计划的宣传和推广。其他国家也都通过官方网站、银行和邮政网点渠道等方式来宣传类似计划。下一步需要加强宣传，让更多人了解和接受个人养老金政策，才能真正发挥其应有的作用。

美国IRA自1974年设立以来，至今已经将近五十年了，个人退休账户无论是从资金量，还是从拥有账户的数量上，都在美国养老金市场中占据重要的位置，是美国家庭退休资产中规模最大的养老金类别。我国此次《意见》的颁布是一个好的开始，个人养老金制度作为中国版IRA未来还有很多需要讨论和完善的部分，把握好税收、投资、宣传等细节问题，让个人养老金制度发挥其真正作用，为居民提供好第三层次的养老保障，做到老有所养。

发挥社会网络作用 促进普惠保险发展

姚奕

2022-06-24

联合国在"2005 国际小额信贷年"活动中提出了普惠金融体系(inclusive financial system)这一概念。它指的是发展一个为社会所有阶层、所有人群提供适合的金融服务的体系框架。2008 年,二十国集团(G20)在金融市场和世界经济峰会上将普惠金融列为其五个重点发展目标之一。2010 年 6 月发布的《二十国集团多伦多峰会宣言》进一步制定了创新普惠金融的九大原则及其相关的行动计划。十几年过去,普惠金融在全球范围内获得了广泛认同和长足发展。保险业作为现代金融业的重要组成部分,发展普惠金融体系离不开对普惠保险这一板块的开发与推进,而发展普惠保险是构建普惠金融体系中非常必要且挑战性更高的环节。

一、必要性

发展普惠保险对构建普惠金融体系具有必要性。

首先,普惠保险有助于系统性地消除贫困。未能充分参与传统金融体系的群体大都处于社会经济的劣势地位,如中低收入群体、残障群体和老年群体等。相较于金融业的传统客户群,他们的风险水平通常更高,而抗风险能力通常较弱。即便是非保险类的风险管理手段,如社区互助、熟人借贷等渠道所能动员的资源也较为有限。因此,这类金融群体容易陷入经济困境无力自拔。保险作为一种历史悠久的制度化风险保障工具,天然地与损失共济、灾害兜底、防损减损联系在一起。在我国全面脱贫攻坚的过程中,保险发挥了其独特的功能。各地因地制宜地开展了扶贫保险,推出了倾斜性医疗保险、特困救助、农业保险、"脱贫保"全覆盖、综合扶贫保障模式等多样化的实践。这些保险产品为实现9 899万农村贫困人口全面脱贫、如期消除绝对贫困作出了重大贡献。由此可见,发展普惠保险是构建普惠金融的必要环节。

其次,发展普惠保险和普惠金融信贷产品相辅相成,互为依托。普惠保险是普惠金融体系的有机组成部分。实现普惠金融不可能单靠保险一个环节,这一点在我国乡村振兴战略的实践中也得到了证明。在达成全面脱贫的阶段性目标后,助力农村脱贫人口发展经济、脱离贫困陷阱,防止发生大规模的返贫事件,需要借助包括小额信贷、期权期货等金融创新在内的合力,内生性地提高农村人口自力更生、融入现代经济的能力。在这一阶段,"保险+期货""保险+贷款"等模式展现出其优越性。这样的结合一方面调动了保险为小额贷款增加授信,联动期货为农业保险降低风险;另一方面,也借助其他金融产品带动了保险的发展。

二、挑战性

相较于普惠金融体系中的其他板块,发展普惠保险具有其独特的挑战性。小额保险和小额信贷是普惠金融体系架构的基石和雏形,也常被拿来比较。从资金流动的顺序来看,小额信贷是金融机构先把钱贷给中低收入群体,由其进行生产或投资后归还本息。而小额保险是要求中低收入群体先缴纳确定数量的保费,而后在特定风险事件发生的前提下触发赔付。这是由两类金融业务的内在逻辑所决定的,但是对困难金融群体而言,理解和接受保险产品显然更加困难。一是因为这要求他们在经济条件困难的时候先行支付保费,这和常规的救助、救济、贷款顺序相反;二是因为未来的赔付是不确定的,甚至要求较为复杂的条件触发机制和理赔流程,赔付金额也常常不等于全部的损失金额,这些都容易造成他们对保险产品的不信任。

社会网络可以在一定程度上助力普惠保险的发展,为其提供新的视角和方案。社会网络理论的基本观点是社会情境下的人由于彼此的关系纽带,形成相似的思考方式和行为选择,具体包括网络效应、情景效应和关联效应。具体而言,个人的行为随着集体的行为、集体的外部特征,或是所共同面临的情境的变化而变化。在机制方面,集体的行为和选择可以通过知识传播、行为模仿和制度巩固三种不同的渠道作用于群体中的个人,从而造成选择和行为的趋同。以近年来我国发展迅猛的普惠健康保产品为例,它由政府提供初始推动力和信用背书,在广大群体中传播保险知识,并以团体保险的形式带动群体投保,并在一定程度上形成了初步的制度发展惯性。这样的方式可以有效提高群体对保险的信任程度,并最大限度地降低交易成本和避免逆向选择等问题。

过去十年间,金融科技、保险科技崭露头角,为传统金融市场提供了更多的解决方案,并成为服务下沉客户的利器。这给我国发展普惠保险也提供了很多启示。我国具备较好的移动网络等基础设施,下沉市场的智能手机普及率也相对较高。传统上,中低收入群体自身的学习能力、金融知识和获取资源的能力受到一定限制,很难体验到正规的金融服务,更不要说享受科技日新月异、金融创新层出不穷所带来的红利了。如今随着抖音、快手等平台大行其道,一些应用类的金融、保险知识也能够通过网络传播,这构成了更加广泛的社会网络。这类社会网络可以更快速地带动目标群体的投保热情和普及一些基础的普惠保险产品知识。但值得注意的是,社会网络不仅能够传播关于保险的知识和正面形象,也能够传播行业和产品的负面信息。因此,在普惠保险的后续发展过程中,要致力于确保产品设计的合理性和针对性,落实日常服务和理赔管理,并关注投保率、续保率的动态变化。

医疗保险服务乡村振兴

杜 霞

2022-07-08

2022年是乡村振兴战略第一个五年计划的收官之年。乡村振兴战略的制度框架和政策体系逐步健全，乡村建设稳步推进，医疗卫生、社会保障等民生事业蓬勃发展。与此同时，制度发展的机遇与挑战并存。4月，中国银保监会办公厅发布《关于2022年银行业保险业服务全面推进乡村振兴重点工作的通知》(银保监办发〔2022〕35号)，进一步强调要"增强保险服务乡村振兴功能作用"，鼓励深入开展健康帮扶工作。在当前巩固脱贫攻坚成果、做好同乡村振兴有效衔接的关键阶段,医疗保险如何高质量地服务于乡村振兴,推进健康乡村建设、提升农村健康服务能力值得深入探讨。

早在2017年"两会"期间,习近平总书记就曾提到"健康扶贫"问题:因病返贫、因病致贫现在是扶贫硬骨头的主攻方向,是长期化的,不随着2020年我国消除绝对贫困而消失。随着全面脱贫的实现,健康扶贫的阶段性任务已经全面完成——832个脱贫县的县级医院服务能力全面提升,远程医疗服务实现全面覆盖。在这一过程中,医疗保险作为专业的风险管理工具发挥了重要的支撑作用,保障了近1000万户因病致贫、因病返贫人口脱贫,全面实现了建档立卡贫困户应保尽保,基本医疗有保障。

在进一步推进乡村振兴战略下一个五年的关键发展期,应推动医疗保险在更广阔的空间发挥作用,进一步推动完善农村健康保障体系,减轻贫困地区家庭经济的脆弱性,巩固拓展脱贫攻坚成果。笔者认为应从以下三个方面重点推进:

首先,应进一步完善农村居民的基本医疗保障体系。基本医疗保障体系通过大数法则在全体社会成员间分散风险,为人民经济生活提供托底保障,在防止人民因病致贫、因病返贫、稳定社会经济发展中发挥了重要作用。同时,作为民生保障制度的重要环节,基本医疗保障体系与健康、医疗、卫生等公共服务供给紧密联系,促进居民整体健康水平的提升。此外,作为社会保障的基本组成部分,医疗保障体系的社会再分配功能在缩小贫富差距、促进共同富裕方面也具有重要意义。2018年9月,中共中央、国务院印发《乡村振兴战略规划(2018—2022年)》,进一步明确了"完善统一的城乡居民基本医疗保险制度和大病保险制度,做好农民重特大疾病救助工作"的要求,对乡村医疗保障体系的建设和完善高度重视。据统计,2021年各项医保综合帮扶政策惠及农村低收入人口1.23亿人次,减轻医疗负担1 224.1亿元,基本满足了农民的基础性医疗保障需求。

在高质量服务于乡村振兴的过程中,基本医疗保障体系仍需在城乡统筹、制度衔接和服务管理等方面进一步完善:第一,改变医疗保障体系当前仍存在的城乡二元结构,实现统筹地区制度政策、基金收支以及管理服务的一体化,有效整合资源、降低管理成本,从而促进城乡人力资源流动,缩小城乡医疗服务资源差距;第二,健全医疗救助与基本医疗保险、大病保险及相关保障制度的衔接,建立起权责清晰、保障适度的兜底保障体系;第三,加强医保平台信息化建设,提升城乡医保异地就医一站式结算的能力,建立均衡城乡服务管理水平的长效机制。

其次,应进一步丰富针对农村居民的商业健康保险产品。在多层次医疗保障体系中,作为风险保障的主要提供者之一,商业健康保险的经济补偿和风险转移功能对基本医疗保险形成有力补充;作为风险管理的专业化机构,商业健康保险公司提供全流程的就医服务、全方位的健康管理和全周期的健康保障,全面提升居民健康水平;而作为金融服务业的重要组成部分,商业健康保险整合健康产业链的上下游,积极参与乡村医疗、养老和健康产业的投资,推动公共健康服务体系的发展。

在同乡村振兴有效衔接过渡的关键时期,商业健康保险仍需持续发力,进一步助力健康乡村建设,提高农村医疗保障水平。目前,农村地区居民收入水平较低,人口结构和健康风险结构特殊,商业健康保险需求多样;同时,农村地区商业健康保险的发展水平、服务能力与城市仍有较大差距,商业健康保险供给力度不足。因此,考虑实际保险需求、丰富保险产品供给才能进一步提高商业健康保险服务乡村振兴的效率。

最后,应进一步加快推进普惠型健康保险向农村地区下沉发展。随着城镇化的持续推进,城乡人口流动逐年增加,农村人口中,老年和儿童占比上升,这进一步加强了农村保险需求的特殊性,也加大了构建多层次医疗保障体系的难度。而定制型普惠保险为提高农村商业医疗保障层次提供了新的思路。普惠型商业健康保险以较低的保费覆盖基本医疗保险之外的个人自付或自费医疗费用以及特殊药品费用,满足低收入人群较高层次的保险保障需求。近年来,普惠型健康保险在政府政策的指导和支持下不断完善,并逐步向三、四线城市下沉。普惠型商业健康保险依托于基本医保的数据定制符合当地实际需求的保险产品,从而在降低管理成本的同时有效提高风险保障力度。因此,针对农村居民因地制宜开发投保门槛较低、核保简单、价格实惠的普惠型健康保险业务,拓展健康保险保障的内容是商业健康保险服务乡村振兴的关键。

但目前普惠型健康保险本身也具有一定局限性:第一,普惠型健康保险的有序发展离不开政府的支持和引导,也离不开商业保险公司市场化的运作和管理,商业健康保险公司和政府之间的权责关系需清晰界定;第二,普惠型健康保险对地方风险精准统计评估并定制专属的保障,但专属性的提升以风险分散范围的缩小为代价,因此普惠型健康保险的专属层级需进一步权衡;第三,普惠型健康保险投保门槛低、保障范围宽、赔付比例高,因此面临着财务不可持续的风险,需兼顾产品的普惠性和盈利性,通过合理的价格区间和保险保障力度吸引低风险个体参保,保障普惠型健康保险的可持续发展。

推进个人养老金试点的思考

艾美彤
2022-08-12

"十四五"规划提出"发展多层次、多支柱养老保险体系"。我国多层次养老保险体系是以基本养老保险为基础、以企业年金和职业年金为补充、与个人储蓄性养老保险和商业养老保险相衔接的三支柱养老保险体系。"三支柱"中,第一支柱社会保险(职工基本养老保险和城乡居民基本养老保险)的建立已相对完备,截至2021年年末,全国参加基本养老保险人数102 871万人,基本实现了制度的全覆盖。第二支柱企业年金和职业年金(分别覆盖企业职工和机关事业单位职工)逐步发展,截至2021年年末,参加企业(职业)年金的职工7 200多万人,积累基金近4.5万亿元。第三支柱是个人养老金(个人商业养老保险等),起步较晚,试点推进也较为缓慢。但随着老龄化加剧,基本养老保险的替代率将逐步下降,不能满足群众退休前后维持同等生活标准的需要。为了支持"第三支柱"商业养老保险的进一步发展,2014年,原保监会发布《关于开展老年人住房反向抵押养老保险试点的指导意见》(保监发〔2014〕53号),2018年,财政部、国家税务总局、人力资源和社会保障部、银保监会和证监会联合发布《关于开展个人税收递延型商业养老保险试点的通知》(财税〔2018〕22号)。然而,住房反向抵押养老保险试点和个人税收递延型商业养老保险试点的推行均不尽如人意。

为进一步推动健全多层次、多支柱养老保险体系,2021年和2022年《政府工作报告》均提出要规范发展第三支柱养老保险。2021年12月,中央全面深化改革委员会第二十三次会议通过了《关于推动个人养老金发展的意见》;2022年4月,国务院办公厅印发了《关于推动个人养老金发展的意见》(国办发〔2022〕7号,以下简称《意见》)。个人养老金是国家的制度性安排,在养老保险第一、二支柱的基础上,为个体提供了补充养老保险的渠道。个人养老金坚持"政府引导、市场运作、有序发展"的原则。根据《意见》,"个人养老金资金账户资金用于购买符合规定的银行理财、储蓄存款、商业养老保险、公募基金等运作安全、成熟稳定、标的规范、侧重长期保值的满足不同投资者偏好的金融产品,参加人可自主选择"。这一规定有助于满足群众对养老保险的多样化需求,为市场提供一批长期稳定的资金。同时,市场化运营也有助于激发市场活力,促进金融机构开发高质量金融产品。

根据《意见》,个人养老金的推行,先选择部分城市试行一年,再逐步推广。在试行期间,也有诸多问题需要考虑,以实现制度的顺利推行。

首先,寻找合适的税收优惠政策和优惠力度。个人养老金的主要激励在于税收优惠,根据《意见》,个人养老金制度的参保范围为"在中国境内参加城镇职工基本养老保险或者城乡居民基本养老保险的劳动者"。如果税收优惠是税收减免或者税收递延,那么,对于低收入者,尤其是收入低于个人所得税起征点的个人而言,就几乎不存在个人养老金的税收激励。2020年城乡居民基本养老保险的人均年缴费仅402元,即使缴费满15年(最低缴费年限),累计也只有几千元,难以满足居民老年生活的基本收入需要。参与城乡居民养老保险的群体更可能是收入低于个人所得税门槛甚至无收入的群体,如何增强这一部分人的老年生活保障,实现第三支柱对于这部分人群的养老补充作用,提升这一人群的参保激励就变得尤为重要。一种解决办法是对低收入人群实行财政补贴激励,对高收入人群实行税收减免激励,但具体措施仍需要结合地方发展、财税情况以及统筹措施,在试点过程中逐步探索。

其次,探索缴费上限的最优设置。《意见》规定,个人养老金的缴费上限为12 000元/年,并根据经济社会发展水平以及多层次、多支柱养老保险体系发展情况等因素适时调整。设置缴费上限的一个可能原因是担心个人养老金成为高收入人群的避税手段并影响收入再分配水平。但是,缴费上限的设置也可能会影响高收入人群缴费参保的积极性,影响金融市场资金流的注入。高收入人群往往有更多元的经济来源和投资渠道,较低的缴费限额和优惠水平可能会降低参保激励。因此,缴费上限对于高收入个体参保积极性的影响、对于个体福利水平的真实影响以及如何找到最优的缴费上限额度值得进一步探讨。

最后,解决第三支柱试点已有的问题,提高公众金融保险教育,并推动"三支柱"的有机结合。在试点过程中,应结合改善在同属于第三支柱的个人税收递延型商业养老保险和住房反向抵押养老保险试点推行时产生的问题,如人们对于实际是否存在税收优惠、实际税收优惠有多少的质疑,金融知识欠缺导致的对保险条款和惠民政策的不理解,保险行业相关法律的滞后等,以实现更优的试点效果。参保流程的复杂程度、个人对政策的理解程度会极大影响参保意愿。因此,在优化流程的同时,也应当注重对公众的金融知识教育,培养公众积极规划养老的意识,提高个人金融素养,使居民更好地理解政策导向,提升个人参保积极性。同时,个人养老金的试点,也需要考虑第一、二支柱的运行模式,将"三支柱"融合为一体,扭转第一支柱"一支独大"的局面,充分发挥第三支柱的补充作用。

推动个人养老金制度发展的两个关键问题

陈 凯

2022-08-19

2022年7月22日,人力资源和社会保障部分享了2022年上半年工作的进展情况。在社会保障方面,人社部表示将出台推动个人养老金发展的意见,研究制定相关配套政策,并会同相关部门制定配套政策,确定个人养老金制度试行城市。这是继4月份国务院办公厅发布《关于推动个人养老金发展的意见》(国办发〔2022〕7号,以下简称《意见》)后,首次公布个人养老金制度的进展。作为当前热门话题之一,个人养老金制度涉及居民未来养老收入的切身利益,一直备受社会各界的广泛关注。在当前个人养老金研究配套政策和选择试点城市的阶段,笔者认为有两个关键问题需要引起重视,值得我们思考。

一、注重顶层制度设计

2008年以来,我国一直在努力尝试找出第三支柱的解决方案,从之前的变额年金和反向住房抵押贷款试点到2018年推出的个人税收递延型商业养老保险和专属商业养老保险,最终的收效并不尽如人意。以最近推出的个人税收递延型商业养老保险和专属商业养老保险为例,从税收制度来看,两者均有明确的税收优惠政策,有一定激励。从收益水平来看,专属商业养老保险由6家头部的寿险机构参与试点,在2021年投资收益相当不错。稳健型账户和进取型账户的结算利率分别超过了4%和5%,对比保险公司经营的其他产品,收益表现非常不错。但根据银保监会披露的信息,截至2021年10月,试点3地的个税递延型养老保险累计实现保费约6亿元;截至2022年1月底,专属商业养老保险累计保费4亿元,两者总保费仍然未形成规模。

笔者认为,造成这一问题的主要原因是顶层制度设计不完备,不同试点政策单打独斗,缺乏协同效应,还难以激励这个潜在的市场。在未来个人养老金的顶层设计上,一方面要强调税收激励机制,另一方面要增加配套政策,提高个人养老金的地位。虽然国际通用的第三支柱养老金制度都是从税收激励着手,但从我国目前试点的个人税收递延型商业养老保险来看,税收激励收效甚微,这和我国居民收入结构以及税收体制有着密切的关系。这可以和我国税收制度改革相结合,将个人养老金缴费纳入整体税收体系中,以家庭为单位进行核算,加大税收激励的效果,吸引中高收入人群。同时也不能单纯依赖税收激励,还需要配套其他相关政策来激励个人为养老进行储蓄。从储蓄率来看,我国居民的短期储蓄意愿和风险防范意识都是比较强的,但对长期养老投资的意识和信任度尚有所不足。此次个人养老金将会采用账户制,可以利用银行、理财子公司等销售渠道加大宣传,加强居民对养老理财的重视程度。在产品选择上,利用生命周期基金或养老目标基金等产品,丰富居民的养老选择,采用短期产品和长期产品结合的方式,让更多人有参与感,从而扩大覆盖规模。

二、提高个人养老金吸引力

我们先要明确的一点是个人养老金是一个整体的制度,其核心是个人养老账户下的资产保值增值管理。这与传统的银行、保险或是基金所销售的某个产品有着本质的区别。从国际经验来看,想要个人养老金制度良性发展,需要从个人养老金账户内的资产投资服务入手。我们可以拿美国个人退休账户制度(IRA)来作为个人养老金的标杆和未来预期目标。以其为例,IRA 是根据美国国会 1974 年通过的《雇员退休收入保障法案》(Employee Retirement Income Security Act,ERISA)设立,美国政府为了刺激经济增长、鼓励投资,在之后的 20 年内不停地对制度进行调整才有了现在备受欢迎的 IRA。根据美国投资公司学会(Investment Company Institute)的数据,截至 2021 年年末,美国退休资产的总价值已经达到了 39.4 万亿美元,其中 IRA 账户的资产价值为 13.9 万亿美元,占比超过 1/3。如此高的比例,与个人退休账户的税收激励制度、资产投资服务和实际收益水平都是密切相关的。

因此,在个人养老金顶层制度设计的配合下,执行层面要提高其投资服务和收益水平。与传统的金融产品不同,第三支柱个人养老金不应当由某个金融机构从自身利益出发推出自己开发或者合作的某种产品而赚取佣金。作为"前端"的银行、理财子公司等销售网点,其主要任务首先是为个人养老金的参与者提供资产投资服务,然后在服务的基础上获得一定费用。这个服务可以包括提供投资产品的选择建议,构建生命周期投资策略等。通过"前端"的销售和服务,让更多人接受个人养老金这一概念后,公募基金、保险公司和银行理财等部门再根据国家政策开发符合规定的金融产品,丰富"中端"的产品选择,并在控制风险波动的情况下,提高产品的长期回报水平,提高产品吸引力。再结合"后端"的顶层制度设计,才能让居民接受第三支柱的个人养老金配置,自愿主动地为长期退休规划进行配置选择。

个人养老金制度的推进实施,是满足人民群众多层次、多样化养老保险需求的必然要求,也是促进社会保障事业高质量发展、可持续发展的重要举措。与美国的 IRA 一样,我国个人养老金制度的发展也将是一个十分复杂的系统性工程,绝不是一朝一夕能完成的。未来需要加强顶层设计,严格执行监管制度,以用户为出发点提高制度吸引力,并结合中国的实际情况,让个人养老金制度真正起到养老第三支柱的作用。

推动个人养老金制度落到实处

陈凯

2022-12-02

2022年11月25日,我国个人养老金制度启动实施,个人养老金将在北京、上海、广州、西安、成都等36地进行试点,税收细则也随之公布。居民可以通过商业银行建立个人养老金账户并向资金账户缴费,从而购买个人养老金产品。具体金融产品由金融监管部门确定,包括储蓄存款、理财产品、商业养老保险和公募基金等。税收优惠方面对缴费者按每年12000元的限额予以税前扣除,投资收益暂不征税,领取收入的实际税负由7.5%降为3%,且政策实施追溯到2022年1月1日。虽然投资限额显得略低,但税收优惠的激励政策十分慷慨。这无疑是为"十四五"期间完善我国多层次养老保险体系建设的指导方针开了个好头。

从制度设计的层面来看,个人养老金制度的建立是完善我国多层次养老保险体系的关键一步。随着我国人口老龄化问题的加剧,社会养老保险的制度抚养比逐年增加。根据2021年年末的数据,参保城镇职工基本养老保险的在职职工(34 917万人)和参保离退休人员(13 157万人)之比为2.65∶1,通过我们测算,这一比例在2050年可能降至1∶1。在制度抚养比急速下滑的背景下,作为第一层次的基本养老保险基金的缺口将会逐渐扩大,难以有效满足未来居民养老的支付需求。那么,在第二层次目前覆盖面较小且发展不足的情况下,第三层次的个人养老金必然会在未来满足退休人员养老需求方面扮演非常重要的角色。这次的个人养老金制度从出台政策到启动实施,间隔仅仅半年,可谓神速,充分说明了其急迫性和政府积极推动的决心。

在这次个人养老金启动实施的细则当中有两个细节值得注意:一是个人养老金的领取税率定在了3%,而不是之前广泛讨论的7.5%,大大降低了未来领取时的个人税收负担,能对个人参与养老金投资起到不小的激励作用,十分有助于增强个人养老金制度的市场基础和群众基础。二是同时在包括北上广深等一线城市在内的36地进行试点推广,试点覆盖面相当大,基本上都覆盖了各个区域中极具代表性的城市。这种力度必然会起到良好的示范效果,有助于未来个人养老金业务的进一步扩大,推动养老保险第三支柱发展壮大。

现阶段个人养老金的启动实施对我国积极应对人口老龄化的重要意义是毋庸置疑的，接下来如何推动个人养老金制度落到实处，笔者认为有以下几点：

一是对较低收入群体给予适当财政补贴。此次个人养老金在税收优惠方面的力度非常大，领取税率3%仅仅是达到个人所得税起征点后的最低税率。从个人层面来看，只要工资收入能够达到个税起征点，这都是一个很好的投资机会。然而，我国目前超过个人所得税起征点的人数并不多，据国家统计局《2020年中国统计年鉴》的统计结果，这个数字在总人数中占比10%左右，实际需要缴税的人数可能更低一些。虽然目前年度12 000元的缴费限额并不高，但这一限额未来可能还要提高。因此，为了避免对中低收入群体不公平，应该对收入较低的群体给予适当的财政补贴。这在国外有着很多的类似经验可以借鉴，例如德国李斯特养老金计划的机制设计。未来可以在现有EET模式（即缴费和积累阶段不缴税，领取阶段缴税）的基础上，增加EEE模式（即缴费、积累、领取三个阶段均不缴费）。这样可以吸引我国目前数以亿计有一定供款能力但能力略不足的群体（如灵活就业人员、新业态从业人员），通过适当的财政支持鼓励他们加入个人养老金计划，从而扩大第三层次个人养老金的覆盖面，让更多的居民能享受相对公平的福利，避免重蹈第二层次企业年金的覆辙，达到完善我国多层次养老保险体系的目的。

二是加强与个人养老金相关的金融产品设计。我国个人养老金采用了税收递延型的养老账户制度，但是还有大批的居民未达到缴税起付线，个人养老金的税收递延刺激首先吸引的是相对富裕的阶层。而这部分人的教育程度、对金融的理解程度相对较高,可选择的投资项目也相对较多。因此,在设计个人养老金产品时需要注意产品的长期收益水平和服务能力,这将决定个人养老金产品在受众中的受欢迎程度。换句话说,如果个人养老金的收益水平和市场同类产品相比没有竞争力,那么税收优惠政策的激励将无法吸引投资者。所以,当务之急是加快完善相关的金融产品和金融服务。作为长期投资,可以多开发一些投资期限较长、久期较大的金融产品,丰富投资多样性,从而提高个人养老金账户的收益水平。

三是要加大宣传并进行正确引导。虽然现在很多金融机构已经开始宣传个人养老金账户,并以各种形式的红包进行引流。但从笔者的观察来看,很多人并不清楚个人养老金账户的实际作用,也不知道开设账户后是否该投资,该如何投资。作为国家积极应对老龄化的关键一环,政府应该主动加强相关的宣传,让居民理解个人养老金的运行机制和用途。一方面,可以提高个人养老金的公信力,给投资者信心;另一方面,也可以借此机会宣传多层次养老金体系的框架,为以后的改革做好铺垫。在政府引导宣传的基础上,金融机构也可以更轻松地开展工作,尽快扩大个人养老金的覆盖面,提高个人养老金的规模。覆盖面和规模的提升也有助于促进对相关养老金产品的设计和稳定投资收益的获取。

除此以外,在顶层设计方面,个人养老金制度调整策略也不能停滞不前。虽然目前该制度落地实施的速度很快,但在制度设计上还存在很大的改进空间。政府需要成立专门的负责部门,根据未来个人养老金的发展情况,结合社会发展和经济环境的变化随时调整其在投资方向、投资范围、缴费限额等方面的政策,从而降低投资风险、稳定投资收益。同时,建立不同层次养老保险制度的衔接机制,尤其是第二层次企业年金和个人养老金的转存接续制度。

个人养老金的迅速启动实施是个良好的开始,但接下来的路仍然漫长,形势仍然严峻。未来要认真走好每一步,积极应对人口老龄化,完善多层次的养老保险体系,让居民过上幸福美好的退休生活。